兩岸暨國際新聞傳播叢書

全球傳播與國際焦點

本書藉由國際間所發生的重大新聞,來闡明國際新聞傳播理論

吳非、胡逢瑛　著

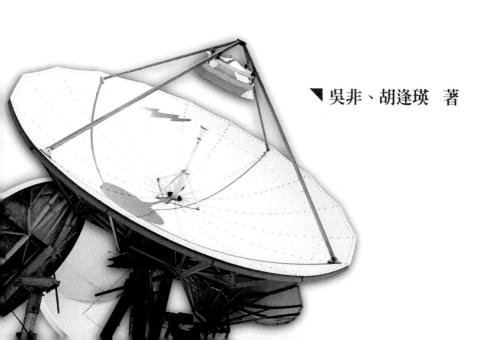

序

美國在發生百年罕見金融危機後，美其在國際間的地緣政治霸主地位迅速被挑戰，並且開始在全世界範圍內退縮。俄羅斯與中國大陸快速崛起，並在國際間扮演重要角色，此時，同樣作為金磚四國的印度和巴西在國際間的戰略規劃卻十分模糊。在中國大陸日益崛起的今天，中國與周邊國家的關係成為世界各國關注的焦點，與此同時，國際熱點問題中的中國因素日益明顯，其中中國在處理問題中也出現了若干問題。

筆者一直試圖在國際關係、國際新聞和國際傳播學科上的融合上找出規律，如果在具體的國際事務中闡明國際新聞和國際傳播，似乎更有利於整體學科的融合。

國際新聞主要是指國際間發生的重大新聞，國際傳播則更加傾向於按照國際傳播理論將國際新聞進行整理和研究。這樣國際新聞和國際傳播就整體配合了國際關係的學科研究。

對於國際關係研究來講華東師範大學的馮紹雷教授則給予我本人很多無私的指導，並且讓我參與了教育部重大攻關課題中的中俄非傳統戰略安全中的媒體角色的研究。在研究中筆者似乎找到了國際關係和國際新聞、國際傳播間的某種聯繫。

對於國際問題的研究，筆者在國立莫斯科大學學習期間就非常有興趣。2004年在香港《大公報》主筆王椰林先生的邀請下開設《傳媒睇傳媒》專欄，在這裡還得感謝王椰林先生的包容，鼓勵並讓我發表很多跨學科領域的研究。

　　筆者這本書中使用了來自：新華社網站、中新社網站、中評社網站、南方日報網站、南方週末網站、廣州日報網站、羊城晚報網站、新新聞網站、聯合報網站、中時報網站、蘋果報網站、香港鳳凰網站、香港大公報網站、維基百科網站等媒體的資料和圖片，在此表示感謝。

　　感謝中國新聞史學會榮譽會長方漢奇教授、中國新聞史學會會長趙玉明教授、復旦大學張駿德教授、童兵教授、李良榮教授、黃芝曉教授、黃旦教授、張濤甫副教授、張殿元副教授、馬淩副教授、華東師範大學馮紹雷教授、新華社副總編輯俱孟軍先生、《新聞記者》總編輯呂怡然先生、中國人民大學鄭保衛教授、陳力丹教授、北京大學程曼麗教授、清華大學李希光教授、崔保國教授、郭鎮之教授，中國傳媒大學的雷越捷教授、陳衛星教授、深圳大學吳予敏教授、華南理工大學李幸教授、趙鴻教授、河南大學李建偉教授、張舉璽教授、浙江工商大學徐斌教授、博梅教授。

　　香港城市大學首席教授李金銓教授、朱祝建華教授、何舟副教授、香港中文大學陳韜文教授、李少南教授、蘇鑰機教授、馮應謙副教授、丘林川助理教授、香港浸會大學黃昱教授、余旭教授、亞洲電視臺副總裁劉瀾昌先生、鳳凰衛視資訊台副台長呂寧思先生、評論員何亮亮先生、鳳凰衛視時事辯論會策劃人鐘麗瓊編輯也給予很多的支持。

　　筆者的研究在暨南大學也得到了校長胡軍教授、校黨委書記蔣述卓教授、副校長林如鵬教授、副校長劉傑生教授、國際處處長余惠芬、人事處長饒敏、教務處張榮華處長、張宏副處長、王力東副處長、珠海學院系主任危磊教授的支持，在學院內有院長范已錦教授、常務副院長董天策教授、書記劉家林教授、蔡銘澤教授、曾建雄教授、馬秋楓教授、薛國林教授、李異平教授等前輩的肯定。

　　在筆者曾服務過的廈門大學也得到了校長朱崇實教授、副校長張穎教授的支持，在專業上也得到了新聞傳播學院院長張銘清教授、陳

培愛教授、黃星民教授、許清茂教授、趙振翔教授、黃合水教授的支持和肯定。

這幾年但筆者在臺灣時，還得到臺灣元智大學校長彭宗平教授、臺北大學校長侯崇文教授、元智大學通識教學部主任王立文教授、孫長祥教授、謝登旺教授、尤克強教授、人社院院長劉阿榮教授、政治大學李瞻教授、朱立教授、馮建三教授、蘇蘅教授、俄羅斯研究所長王定士教授、臺灣大學張錦華教授、林麗雲副教授、張清溪教授、淡江大學張五岳教授、交通大學郭良文教授、南華大學郭武平教授、戴東清助理教授、亞太和平基金會董事長趙春山教授、政治大學教授和陸委會副主委趙建民先生、企劃部主任陳逸品研究員、美國自由亞洲電臺駐臺灣首席記者梁冬先生等的支持和照顧，另外筆者還接觸許多和善的媒體人，這包括南方朔先生、楊度先生、《商業週刊》發行人金惟純先生、《遠見》雜誌的發行人王力行女士、《中國時報》總主筆倪炎元先生、《中國時報》副總編、主筆郭崇倫先生這使得筆者的研究異常深入。

同時還感謝新華網、人民網、鳳凰網、新浪網、中評網等網路媒體所給予的支持，並轉載我的文章。

最後筆者感謝本書的責編藍志成先生的幫助，本書的出版還得到秀威出版社發行人宋政坤先生的鼎力支持。本書在國際關係、國際新聞和國際傳播學科上的融合和探討仍在初期階段，並請臺灣、香港、大陸的讀者多多指正。

吳非、胡逢瑛

寫於2009年5月31日星期日
元智大學通識教學部辦公室

目次 *contents*

俄將武力擴張地緣政治[1]

【《大公報》短評】俄羅斯武力擴張地緣政治的可能性是存在的。現在仍然存在俄羅斯被西方激怒的可能性，發生武力擴張和局部戰爭的可能性也仍然存在，但表現形式會很多樣。這個議題的熱炒，也從側面證明俄羅斯地緣政治運用的成功。

最近金融寡頭索羅斯連續發表三篇文章分析世界石油價格下跌後地緣政治走向，索羅斯預測石油價格暴跌有可能讓俄羅斯採取「新軍事侵略行動」。對此，臺灣政治大學前俄羅斯所所長、現任亞太和平

---

[1] 本文發表於香港《大公報》，2009年3月17日。

基金會董事長趙春山教授提出，俄羅斯未來兩年存在武力擴張地緣政治版圖和保護能源經濟成果的可能性仍然需要探討，索羅斯的判斷過於聳動，盡顯寡頭個性。

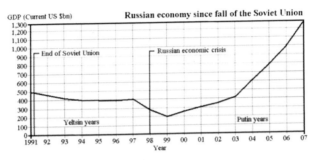

俄羅斯個人GDP的增長曲線。

圖左：2008年12月24日，俄羅斯總統梅德韋傑夫參加總結一年工作的電視節目。（рансляция программы "Итоги года с Дмитрием Медведевым" на экранах телевизоров в магазине бытовой техники и электроники "Мир".）。

圖右：2008年12月4日，普京總理參加電視直播節目（Премьер-министр Владимир Путин в прямом эфире ответил на вопросы граждан. "Прямая линия" с Владимиром Путиным при участии руководителей региональных общественных приемных председателя "Единой России" и представителей субъектов России состоялась в Гостином дворе.）。

圖左：2000年3月駕駛SU-27戰鬥機的普京。

圖右：2009年2月11日，梅德韋傑夫視察軍隊（Вологда Президент России Дмитрий Медведев (слева) во время посещения Вологодской воспитательной колонии.）。

2008年3月28日，俄羅斯總統梅德韋傑夫在視察俄空軍基地時，親自駕駛最新式蘇－三十四戰鬥轟炸機飛行半小時。

2009年2月11日，普京視察米格飛機製造廠（Генеральный директор Российской самолетостроительной корпорации (РСК) "МиГ" Михаил Погосян (второй слева), председатель правительства России Владимир Путин (в центре) и заместитель председателя правительства России Сергей Иванов (справа) во время посещения завода РСК "МиГ".）。

中國網友給俄羅斯定性的幽默照片。網友認
為：普京是俄羅斯國家形象和力量的象徵，
普京是國際公認的硬漢，俄國1700多萬平方
公里的國土，1.4億多的人口，百萬的軍隊。

武力擴張可能性仍然存在

筆者認為俄羅斯武力擴張地緣政治的可能性是存在的，但問題在
於前提，如果是美國、歐盟或者其他小國持續挑釁俄羅斯，那麼反擊
應該就是俄羅斯武力擴張的模式。西方媒體普遍報導，去年8月8日俄
羅斯痛擊格魯吉亞後，普京的民望降低。事實上，俄外交部所屬的國
際關係學院的多數教授都認為，這次痛擊做得非常出色，而歐盟在格
魯吉亞的運作中失去角色，讓美國胡作非為。俄媒體的街頭調查，都
顯示出民眾不完全贊成戰爭手段，但卻都支持俄羅斯國家行為。民眾
的支持在表達上都不願意牽扯普京個人，這也方便了西方媒體的片面
炒作。

英國《每日電訊報》專門派出記者來到遠東地區進行實地考察，
得出俄當局出現了權力之爭的結論。梅德韋傑夫上任大半年來與普京
關係不錯，但現在情況發生變化。似乎是在夫人斯韋特蘭娜的鼓動
下，梅德韋傑夫開始變得很自信，並敢於批評政府經濟救助計畫效果
不理想，不過他沒有把矛頭指向普京。同時，梅德韋傑夫開始小心翼

Vasily Vasilyevich Vereshchagin所畫的戰爭作品：讓他們進來吧（У крепостной стены. "Пусть войдут!"）。

翼在克里姆林宮內建立自己的政治圈。傳說普京的親信、俄總統辦公廳第一副主任蘇爾科夫也倒向了梅德韋傑夫。對於這些來自英國的新聞，俄羅斯一家名為NEWSLAND的小網站進行翻譯和轉載，但這種報導都不在俄主流媒體報導範圍裏。

現在西方媒體炒作梅德韋傑夫和普京之間是否存在矛盾，以及兩人是否在政治運作上存在主次之分。問題在於，如果梅德韋傑夫和普京之間存在矛盾，那麼兩人的矛盾點在哪個方面？另外，俄羅斯武力擴張的可能形式是哪一種呢？

對於這個議題，首先是媒體人最感興趣，其次是金融家。2009年3月5日，俄羅斯報紙網進行調查，題目為：對於俄羅斯而言現在是否存在戰爭的威脅？子問題為：俄羅斯明天是否會發生戰爭？結果50%網友認為存在，45%認為不存在，5%認為很難講。而在2003年這項調查也曾進行過一次，當時47%認為存在，40%認為不存在，8%認為很難講。調查細項顯示，俄羅斯右派民主人士認為俄羅斯這八年經濟充分

發展，但在人權方面則存在重大問題，此時俄羅斯不可能發生戰爭，
如果發生打代理人的戰爭最好。

莫斯科群眾遊行支持普京和梅德韋傑夫。

俄民眾有危機感

2009年1月31日，統一俄羅斯黨組織了一場遊行，遊行隊伍的口號
就是：我們相信梅德韋傑夫和普京！梅德韋傑夫比較重視俄羅斯國內
的發展，但這一主導權是在總理府。普京在經濟危機發生初期確實存
在輕視和注重外交的問題。外交應該不是2009年俄羅斯的重點，在這
一點上，很多俄羅斯智囊都普遍有共識。俄羅斯杜馬老議員、普京的
老朋友盧金就在《俄羅斯報》發表文章，認為俄羅斯人權和國內經濟
建設還存在巨大發展空間。2000年後俄民主在政治體制內得到保障，
但人權發展卻存在嚴重的問題。另外，重新塑造消費市場，應該是普
京的主要任務，風光的事就讓總統梅德韋傑夫去幹吧！

最近，隸屬於俄
天然氣工業集團公司的
《專家》雜誌發表《俄
羅斯是否準備好和烏克
蘭來一場天然氣戰爭》
一文。文章指出，俄羅
斯必須充分牽制烏克蘭
總統選舉，扭轉顏色革
命後的敗局。烏克蘭存
在分裂危機。

俄羅斯蘇-35戰機試飛。

俄國際關係學院國
際新聞系首席教授阿爾
秋莫夫認為，讓亞努科
維奇領導的地區黨在總
統大選中盯住季莫申科
聯盟和尤先科的「我們
的烏克蘭——人民自衛」聯盟，然後再全力支持函式庫奇馬，接受分
裂的烏克蘭，也是可能的選項之一。

從俄羅斯整體戰略而言，如果在北朝鮮發生戰爭，也是成本最
小，影響力最大的。對此，《生意人報》在調查中發現，幾乎所有的
俄羅斯人，尤其是歐洲部分的俄羅斯人，都不願意為可能發生在亞洲
的這場戰爭而戰，並且無論是普京還是梅德韋傑夫周邊的智囊，朝鮮
問題專家很少。國際關係學院的校長達爾顧諾夫其實就是南朝鮮問題
專家，但他屬於葉利欽時代的人物，其意見未必能夠為普京所接受。

儘管普京周邊這樣的智囊很少或者是沒有，但並不表示這種可能
性是不存在的。

圖左：在烏克蘭發行的《今日報》，報紙文字為俄文。

圖右： 俄羅斯國內的選舉，議員們也打普京牌（Архангельск Выборы депутатов Архангельского областного собрания. Агитационный плакат с портретом председателя правительства России Владимира Путина "Слышать людей, работать для людей!".）。

當總統之前的梅德韋傑夫，充滿學者味道。

大規模演習非常耗錢，中俄「和平使命-2007」聯合演習，僅俄方支出就達近6億元人民幣（合30億臺幣）。

T-80和米-24，俄軍儘管經歷了長達近20年痛苦的衰退，但畢竟蘇聯時期世界第一大地面武裝力量的底子「馬瘦雄風在」。

大規模裝甲集群，曾是蘇聯時期蘇軍獨一無二的一道風景。

米-17直升機掩護裝甲火箭炮推進

俄羅斯核武研發心臟——薩羅夫是俄羅斯下諾夫哥羅德州的一個保密行政區，小部分位於莫爾多瓦共和國，已於1995年結束保密行政區地位。2002年人口87,652人。在1946至1991年稱為阿爾紮馬斯-16。昔日當地是東正教聖地，1946年以後一直是前蘇聯（和現在俄羅斯）的核武器的研究中心（圖片來源：香港鳳凰網）。

梅普磨合期已過

2008年當普京和梅德韋傑夫各自站好自己的戰鬥崗位後，尤其是在2008年8月8日俄羅斯對於格魯吉亞進行軍事反制後，西方國家的媒體開始全面展開對俄羅斯領導人的雙核體制提出質疑。其實在最初階段，可能普京和梅德韋傑夫都存在角色調整的問題，就是普京在俄羅斯對外關係中儘量減少角色，而梅德韋傑夫的工作則主要配合和支持普京的內政和外交政策。從今年1月份開始，俄羅斯媒體對於普京的報導已經轉到俄羅斯國內的建設上來。

西方國家的媒體在面對一個已經在地緣政治上崛起的俄羅斯時，採用的手段就是見縫插針和離間。對此，俄羅斯基本對策是置之不理，讓梅普的雙核體制逐漸成熟。現在仍然存在俄羅斯被西方激怒的可能性，發生武力擴張和局部戰爭的可能性仍然存在，但表現形式會很多樣，不一定會出兵，也可能出兵維持穩定。這個議題的炒作，也從側面證明俄羅斯地緣政治運用的成功。

著名金融投機巨鱷索羅斯接受俄羅斯媒體採訪。索羅斯近日連續發表三篇文章，分析世界石油價格下跌後地緣政治走向。其中索羅

普京與梅德韋傑夫的互動。

俄新軍服時裝表演。俄羅斯強人普京終於把一百二十萬武裝部隊大刀闊斧砍到一百萬。俄羅斯反對黨猛烈抨擊政府改革軍隊的計畫是「嚴重的叛國行為」。包括二百名將軍和一萬五千名上校的二十萬名官兵成為金融海嘯的第一批犧牲品，他們自認為是車臣戰爭的功臣。當年普京極力主張血腥屠殺格羅茲尼因而得到俄軍的強力支持邁向總統寶座，如今因軍費短缺裁軍得罪「祖國保衛者」。英國《每日電訊報》引述一名俄軍上校說，「普京可以逃避一切責難的時代一去不復返了！」

斯提出了這樣一個觀點：石油價格暴跌有可能讓讓俄羅斯採取「新軍事侵略行動」。

俄《消息報》2月16日首先刊登了索羅斯撰寫的全文，題目是「危機地貌圖：廉價石油下的地緣政治」。索羅斯寫道，當初那些靠石油發家的大國現在不得不面臨巨額財政赤字的威脅，外匯

儲備極大減少。他認為，石油價格下跌會讓那些石油輸出大國，主要是伊朗、委內瑞拉和俄羅斯成為現在複雜世界格局的反對者。索羅斯認為，石油暴利降低使得這些國家耍政治手段的資本極大減少。

談到俄羅斯，索羅斯說在普京出任總統時期民族主義取代了共產主義，以此希望重返蘇聯時代。索羅斯說，俄羅斯玩的地緣政治遊戲高潮是2008年8月8日發生的俄格戰爭，這帶有明顯的地緣政治色彩，讓普京在俄羅斯民眾中的聲望大增。

而且，此次行動除了讓俄羅斯得到政治和軍事利益，令人意外的是反而讓俄羅斯受到不小的經濟打擊。資本開始從俄羅斯撤出，股市大跌，盧布貶值。這是普京犯的一個致命錯誤：無法取信於商人。

索羅斯警告說，現在在克里姆林宮工作的不是當初小心謹慎的官僚，而是為了得到自己想要而不惜手段的冒險家們。因此，索羅斯認為如果油價還不提高，那麼莫斯科很有可能會採取海外軍事冒險行動。

俄《消息報》注明，此文章是索羅斯基金管理公司和開發社會研究所主席索羅斯發表的第三篇，也是最後一篇關於俄羅斯問題的文章。（另兩篇發表於2009年2月10、12日，題目分別為《創造新金錢》和《俄羅斯問題》）

華東師範大學俄羅斯研究中心主任馮紹雷教授與俄羅斯總統梅德韋傑夫，馮紹雷教授的見解通常對於中俄關係發展具有重要影響（圖片來源：華東師範大學國際關係與地區發展研究院網站）。

俄羅斯被迫延續能源戰略方針

　　華東師範大學俄羅斯研究中心主任馮紹雷教授應邀於2008年9月7日-14日前往俄羅斯參加第五次瓦爾代國際辯論俱樂部。該俱樂部以俄羅斯北方的瓦爾代湖命名，主要是邀請來自西方國家的國際問題與俄羅斯問題專家與會。在歷年的會議上，俄羅斯前總統普京都會邀請與會專家共進午宴、品嘗咖啡並就當前國際及俄羅斯重大問題座談。

　　馮紹雷教授提出：您能否就俄羅斯與東亞國家合作的經濟戰略談談您的看法？我認為這已有很多積極的表現，比如俄羅斯經濟快速發展的巨大潛力。但是，就消極方面而言，也有一些是值得指出的，比如世界經濟增長已經放慢的現象仍在繼續。在這種困難的環境中，您認為俄羅斯在東方的經濟戰略將是怎樣的？

　　俄羅斯梅德韋傑夫總統認為：我們通常會稱俄羅斯為一個歐亞國家，不是考慮到這樣一個詞的實際含義。在任何一種情況下，當我們討論做出一個既定的決定時，也許我們並沒有把這一點充分地納入考慮範圍之內。但事實上，俄羅斯是面向歐洲，同時，俄羅斯比較重要的部分又坐落於亞洲。當然，俄羅斯與亞洲夥伴之間有著廣泛的聯繫，包括與中國的關係。我們現在日益理解：不發展面向東方的多元化，俄羅斯經濟沒有前途，這有以下幾個原因。

　　首先，如果我們不向東方發展，那我們的東部區域就不能取得我們所期待的發展。儘管我們國家幅員遼闊，但人口密度卻比較低。為了創造新的工作、實施主要的經濟及社會專案，我們有必要充分發展與東亞夥伴之間的合作關係。事實上，我們也將這樣做。我們創造了上海合作組織，我們參加亞太經濟合作組織，並且認為亞太經濟合作

組織是我們優先考慮的組織之一。我們可以放心地說，就這個意義而言，亞洲和歐洲之間是沒有矛盾的。

當然，俄羅斯的歷史表明，其文化身份的獲得是源自歐洲的，但與此同時，如果我們考慮到更古老的歷史或大眾的關注點，可以發現我們與亞洲國家是聯繫在一起的。我們必須在日常工作及日常活動中注意到這些。

因此，我認為這是我們國家非常有前景的方向，我們將理所當然地向這個方向發展，當然，這些並不是以犧牲與歐洲或者西方國家的關係為代價的。這也必定是多極化世界的多級特徵的一個方面。這不僅僅是一個純粹的政治概念：只有當世界上有一些主要的、重要的政治大國的時候，世界才能更加穩定。

我們完全理解，當交易不僅發生在柏林、巴黎、倫敦和紐約，而且在亞洲也活躍地運行時，當世界上存在著不同的經濟區時，經濟才能保持穩定，否則的話只會出現一種不平衡，這一點我們已經比較明白。當然，我們將做所有相關努力，解決一系列能源向亞洲方向出口多元化的問題，同時不損害我們以及我們歐洲夥伴的利益，以便確保更大的穩定性。我正在考慮石油和天然氣出口以及核能合作。

我聽到一些有趣的說法，稱俄羅斯天然氣不足以供應歐洲，那就更談不到供應亞洲。但眾所周知，情況並非如此。俄羅斯是世界上最大的天然氣出口國。如果我們看到市場很大，那麼我們將開發新的天然氣田。你們大可不必懷疑這一點。當然所有這一切都必須通過可持續的方式，並應不會產生某種形式的經濟災難。

伴隨石油市場形勢的發展，我們感到的是震驚。過高的油價會產生出問題，而突然下跌的石油價格也會帶來其他問題。沒有人可以肯定地說，什麼樣的價格是合適的。但最令人驚訝的是，隨著石油價格的一漲一跌，我們甚至看不出一貫的模式。如果說這個因素在很大程

度上是一種偶然，那麼我們必須協調發展我們在歐洲和亞洲地區的經濟關係。

我並不是要討論我們關係中文化的組成部分，這畢竟是個很大的話題。當然，我們一直擁有對古代中國、印度、日本和其他國家文化極大的興趣，這種興趣可以從幾代的歷史學家、語文學家和其他專家的成果中看得出來。這一點則是需要提及的。

列賓為沙俄大文豪托爾斯泰於1887年所畫的畫像，托爾斯泰是俄羅斯的精神和良知（Portrait of Lev Nikolayevich Tolstoy. Oil on canvas. 124 × 88 cm. The State Tretyakov Gallery, Moscow.Портрет Льва Николаевича Толстого. Холст, масло. 124 × 88 см. Государственная Третьяковская галерея, Москва.）。

臺北故宮宣揚中華文化的瑰寶[1]

　　在中國海峽兩岸都有一個故宮，一個名為北京故宮，一個為臺北故宮。人們經常會將兩個故宮做對比，筆者曾走訪臺北故宮6趟，北京故宮3趟，總體感覺北京故宮是光走路就得要2-3小時，看文物時間很少，第一次印象中好像沒有文物，其實，後來才得知是在特定區域才

翠玉白菜。

有。第一次訪問臺北故宮是1999年隨海外華人學者參訪團，印象中臺北故宮寶物非常多，而且非常集中。其實對於每一位大眾來講，每一件國寶最具有實際的價值就在於觀看的便利性、知識性和熟悉性，比如對於臺北故宮而言，能夠經常去，並且逐漸瞭解每一件文物的價值，並通過大眾媒體成系統瞭解文物形成的原因和文明的傳承才是最重要的，臺北故宮在文物的介紹上，始終給人以深刻印象。

　　在北京故宮和臺北的故宮的比較上，很多人的傾向是：臺北有文物沒有故宮，北京有故宮沒有文物。其實在某種程度上，這是對於兩個故宮硬體的比較，這種比較是不完善和全面的。準確地講，臺北故宮主要展示的就是文物和國寶，北京故宮展示的是建築和部分國寶。

---

[1] 本文發表於《財富生活》，2009年5月號。

　　首先北京故宮和臺北故宮都是博物館，而博物館首先的特性是服務於民眾，那麼進行完全的文物展示是博物館的首要任務，臺北故宮的建築的主要目的就是為了展示其所收藏的文物而建，所以建築整體在展示收藏品上比北京故宮具有天然的優勢，而北京故宮在建築上的功能首先是皇帝的辦公和居住的場所，如果需要展示國寶的話，基本上的空間很少，而且現今在北京二環以內建立一個安全、穩妥的地方來展示北京故宮的文物，已經不可能，不僅是因為北京二環以內地價高昂，而且在安全性方面也欠妥當，如果將文物放在北京背面或者西面的山區中將會是不錯的選擇。

　　臺北故宮在文物的展示上，基本上把清朝皇帝的個人收藏做出系列的處理，而且觀眾可以通過參觀文物、國寶直接目睹清朝皇帝的收藏品味，這與北京在展示勞動人民文化結晶的思路非常不同，臺北在皇帝的文獻展示中最為突出，臺北故宮在清朝皇帝聖旨和對外國書以及中國古代書籍的展示非常系列化。

　　民眾在參觀完博物館後，需要有將古代和現代作為鏈結的紀念品。臺北故宮最近幾年將國寶的圖案做成各種裝飾品和實用品，中國大陸遊客到臺北故宮經常會花大筆錢購買這些商品，對於很多的民眾而言，如果能夠非常頻繁與方便接觸到國寶，相信中國大陸的文物市場一定會萎縮，現在很少能夠從中國大陸文物市場找到正真有價值的文物，據說現在中國大陸很多的文物作假都在使用微波爐、X光機來破壞裏面的分子結構。現在臺灣本身的文物的個人收藏很多，但在市場交易幾乎沒有，而且臺灣民眾也沒有興趣再購買相關的文物，臺灣相關學者認為任何國寶都必須和民眾在一起才是最重要的，單純的國寶沒有太大的意義。

　　臺灣雖然有很多的博物館，但在真正意義上保存中華文明國寶的地方只有臺北故宮，政府將大筆預算都會投入臺北故宮，而且臺北

故宮還是臺灣文物修復、鑑賞的中心，北京故宮不但沒有有效展示自身的文物，而且在幫助其他省的國寶修復、保存和鑑賞上的交流都很少，在奧運會期間首都博物館就把大量兄弟省市的文物借來展覽，這在某種程度上獲得了首都人民極高評價，北京日報和中央電視臺大量報導相關盛事。

北京故宮和臺北故宮在網站上的比較非常明顯，就是北京故宮的網站上基本上看不到文物的3D照片，對於文物的直接認識的介紹幾乎沒有，包括筆者最感性的古代書籍，幾乎看不到相關照片和介紹，從故宮的網站幾乎看不到中國的崛起，看到的是網站的中國紅色的大門。臺北故宮展示的基本都是文物和國寶，包括3D照片，網站特別介紹了兒童如何認識國寶的內容，如果通過網站和實物的結合可以讓受眾對於文物和國寶有一個清晰的認識。

肉型石。

毛公鼎。

中國本身還有大量文物

海峽兩岸的故宮文物背後所代表的是中華文化的驕傲和清朝末年的衰落，文物流失是清朝末年和民國時期的主要特徵。據中國文物學會統計，從1840年鴉片戰爭以來，因戰爭、不正當貿易等原因，致使大批中國珍貴文物流失海外。在此期間，超過1,000萬件中國文物流失

到歐美、日本和東南亞等國家及地區，其中國家一、二級文物達100餘萬件。聯合國教科文組織的統計則是另一個數字：在47個國家的200多家博物館中有中國文物164萬件，而民間藏中國文物是館藏數量的10倍之多。《誰在收藏中國》一書作者吳樹告認為近30年來，流入美國的中國文物大約有230萬件，其中20多萬件精品被美國各大博物館收藏。與英、法、日、俄等國家不同的是，美國各大博物館收藏的中國文物，大多數都是在最近20年左右的時間裏通過境外走私非法所得。

　　根據這樣的統計，儘管那個時期國家中道衰落，但現在看來過半的文物還是在中國得以保留。

　　當時遷臺的學者認為金石是最重要的，鼎是國家的象徵，所以拿走了不少（2,382件）青銅器；文人重視書畫，書畫本身也好運載，共拿走了5,424件。其中僅宋畫即達943幅，宋元山水畫系列可構成臺灣故宮博物院的極品特展。中國有君子佩玉之說，故玉器也拿走不少。陶瓷只拿走了一部分，計17,934件，但卻集中了北京故宮博物院各瓷器陳列室與敬事房的精品，可謂名窯畢備。著名的三希堂帖，北京故宮博物院藏有「三稀」中的「二稀」，而臺北藏有其中的「一稀」。郭熙的《早春圖》，現在臺北，北京沒有。北京有《清明上河圖》，臺北沒有。龍袍，中國歷代只有清王朝留下來的，當時的學者認為清朝的東西價值不大，沒有拿，所以臺北故宮博物院1件龍袍也沒有。

臺北故宮建造時的照片。

臺北故宮遠觀。

1/4文物到臺灣

　　1931年，日本發動九一八事變侵佔東北後，1932年，故宮理事會要求博物院選擇院藏文物菁華裝箱儲置，開始南運。1933年2月6日，第一批南遷文物抵達上海，期間南遷文物共五批19,557箱，包含古物陳列所、頤和園、國子監等單位文物的6,066箱。1936年12月，南遷文物由上海轉運南京。1937年1月，故宮博物院南京分院（中央博物院）正式成立。8月，上海爆發淞滬會戰，南遷文物再由莊尚嚴等人第一批80箱南京文物遷至長沙；來年11月再轉運至貴陽安順暫置（1944年再運往四川巴縣）。1937年11月，第二批9,369箱以水路，經由長江至漢口；1939年5月再移往宜昌、重慶至四川樂山。第三批7,286箱文物由那志良走隴海鐵路運至寶雞；1939年7月，再轉卡車經漢中運抵成都，隨後又運往峨眉古廟安置，成立故宮博物院峨眉辦事處。最後南遷至南京的文物，約2,900箱文物因來不及運送，滯留在南京

　　1964年，臺北故宮博物院正館開始興建。1966年，第一期新館左右兩翼擴建工程完竣。1971年，第二期擴建工程從新館兩翼向前擴建完竣，陳列室面積達到8,777.41平方米。1984年，第三期擴建工程故宮新建行政大樓啟用。庫房和展場建立恆溫恆濕、防火防潮、防震防盜等措施保護。1995年，第四期擴建工程圖書文獻大樓竣工使用，同年又增設「至德園」。2007年2月，正館擴充整建工程完工，展覽空間達到9,613.91平方米、非專業展覽用之公共空間則增加至10,656.98平方米、行政空間增至8,852.69平方米。同年，檢調偵辦故宮博物院改建擴建工程弊案，故宮先後任院長、官員涉入其中，總共15人遭起訴。

　　整體改建後的臺北故宮築似乎為2層，實則4層，建築平面成梅花形。第一層分別是集體售票處、咖啡廳、郵局和兒童學習中心；第二

層是展覽室、大廳及畫廊,用來展示書畫,四周共有8間展覽室,陳列銅器、瓷器;第三層陳列書畫、圖書、文獻、碑帖以及玉器、琺瑯器、雕刻和織繡等,最近有展出明代龍泉窯青瓷系列;第四層為各種專題研究室。巧妙的是;第三層樓後面架了一座長廊天橋,直入後山之腹,原來是一個深180米、高6米、寬3.6米的山洞,洞內分為一個個小室分類收藏文物,全部沒有空氣調節系統、防潮系統、防火系統和防盜系統。

　　臺北故宮有三件寶物。首先是毛公鼎,為周宣王年間所鑄造的一個鼎,上刻有499個銘文,為當今出土的銘文青銅器中,文字最多的一個。毛公鼎上的銘文提到周宣王在位初期,想要振興朝政,遂命毛公處理國家大小事務,又命毛公一族擔任禁衛軍,保衛王家,並賜酒食、輿服、兵器。毛公感念周王,於是鑄鼎紀事,由子孫永寶永享。毛公鼎大口圓腹,口沿上有兩隻大耳,腹下三隻獸蹄形足。第二個為翠玉白菜,原本置於北京紫禁城的永和宮,是光緒帝的妃子瑾妃的嫁妝。此件玉器的雕刻一體成形,以翠玉自然的色澤刻飾出綠色的菜葉與白色的葉柄;白菜的造型象徵女子清清白白,而菜葉上還雕有兩隻昆蟲,一只是螽斯,一只是蝗蟲,都是象徵「多子多孫」之意。第三是肉形石,與翠玉白菜擺放在同一展室。肉形石乍看之下,像不像是一塊令人垂涎三尺、肥瘦相間的「東坡肉」?其實它是一塊瑪瑙石,經過漫長歲月的累積,在不同的時間點,雜質影響乃至生成的顏色不同,呈現一層一層不同的色澤。製作此件肉形石的工匠,將原來質感豐富的石材加工琢磨,並將表面的石皮染色,做成了這件肉皮、肥肉、瘦肉層次分明,毛孔和肌理都逼真展現的作品。

　　臺北故宮的特展也非常有意思,2009年3月臺北故宮的特展為:天上人間——儒釋道人物版畫圖繪展。特展按照時間的順序,把堯、舜、禹、商湯、孔子、顏回等人物畫像逐一陳列,在版畫中才發現孔

子的長相是與其弟子顏回非常相似，另外一件宋代黑絲綢本的千手千眼觀世音菩薩的畫像非常引人注意，因為這個畫像的菩薩已經完全東方臉孔，手中寶物也都已經完全中國化。

2000年時臺北故宮博物院的正門前，現在蔣介石塑像已經搬離。

臺北故宮博物院至善園。

兩岸交流頻繁消除歧見

2009年2月14日，國立故宮博物院院長周功鑫帶團赴中國大陸訪問北京故宮，首度開啟兩岸故宮交流。3月1日北京故宮博物院院長鄭欣淼率團抵達臺北，此行也是對半個月前周功鑫以臺北故宮博物院院長身份首訪北京故宮的回訪。

在訪問中鄭欣淼提出臺北故宮也存在贗品的說法，此時引起臺灣媒體的重視，並作持續報導，事後鄭欣淼在北京政協會議休會期間，提出補充。對此，在臺北故宮出版品中，只要細心就可以還原事實的本身，就是臺北故宮的藏品多為大清皇帝的個人收藏，那麼，在要求上可以說只要皇帝喜歡，畫作不一定是原作，可能是別人臨摹而成。比如，明代大文人文徵明的關山積雪圖則為王寵歷時五年臨摹而成，為設色畫，縱25.3公分，橫445.2公分，全卷一片銀白的雪域山色，崖石輪廓枯木寒林，更顯出孤傲拔俗的氣暈，臨摹畫作絕不輸於原作。

首度統計兩岸故宮藏品的北京故宮院長鄭欣淼著作《天府永藏——兩岸故宮博物院文物藏品概述》繁體版在臺北發表，統計指北京故宮2004到2010年進行大清點，已知可移動文物藏品約150萬件，臺北故宮藏品約65萬件，並提及抗日時期故宮南遷文物有1/4、2,972箱到了臺灣。臺北故宮院長周功鑫指出，故宮文物南遷時，逃難過程曾在上海清點兩次，一次是1934年，一次是1935年借展英國倫敦那一批，最後是全部19,000多箱南遷文物有1/4、3,824箱來臺，最好的精品都來到臺灣。看來雙方在數字上，還有不同。

臺北故宮博物館位於臺北市士林外雙溪，原為「中山博物院」，始建於1962年，於1965年孫中山誕辰紀念日落成，占地面積1.03萬平

方米。現在在臺北故宮博物館的正上方仍舊雕刻著「中山博物院」的字樣，在斜下方則懸掛臺北故宮博物館的招牌。

臺北故宮博物館在中華文化的傳承上具有先行的角色，到臺北故宮參觀首先是門票不貴，個人票160臺幣（約32元人民幣），團體票120臺幣（約24元人民幣），學生票則為80臺幣（約16元人民幣），購票後，再交上一定押金之後可以免費使用無線語音系統，該語音系統可以按照一定的頻率收聽到導遊的介紹，如果在參觀過程中不慎脫隊，可以調頻收聽別的導遊的介紹。

據臺北故宮的工作人員介紹，大約3米長的展示櫃的價格就達臺幣上千萬，展示櫃不但具有防潮、恆溫、防盜、防震等效果，還要便於移動。最近臺北故宮就展示了一件清代早期在臺灣畫成的鄭成功畫像，原畫像多處斷裂、出現折痕，並且顏料脫落，該畫作為臺灣博物館收藏，2004年委託臺北故宮修復，2008年12月完成工作，據說當畫作轉回臺灣博物館後將被收藏，複製品將被展示，因為臺灣博物館沒有展出的條件。

自五十年代後，臺灣在文物的保護上的資金占了幾乎所有的臺灣文物保護的預算，這使得當民進黨執政之後，開始逐漸削減相關預算，被迫使得臺北故宮加快文物的產品開發和整體包裝上的數位化。1960和1970年代，臺灣在外銷導向的經濟政策下，文化事業相對蕭條，二十年間博物館數量僅增加不到30座，其規模亦無什可觀之處，這段時期可說是臺灣博物館事業的空窗期，博物館數量總計不到40座。現在，臺灣博物館數量已達232所。

臺灣博物館數量雖多，但在文物的數量、質量、歷史和修復能力上能和臺北故宮相比的都沒有，就連臺灣歷史博物館內的館藏也幾乎沒有，能和歷史博物館建築歷史一樣長的都沒有，裏面多是照片和一些現代實物。臺北故宮館藏文物的特點是，多為清朝皇帝的個人皇家

溪山行旅，朝代：北宋，作者：范寬，
材質：絹，色彩：淺設色畫，尺寸：
155.3×74.4 cm，形式：軸。

收藏，這與大陸的博物館的很多收藏多是從墳墓中挖掘出不同。可以說臺灣故宮是臺灣傾全部的力量用於保護和宣揚，當然在民進黨執政期間受到干擾。

　　臺北故宮博物院65萬件藏品堪稱中國文化藝術之寶庫，北京故宮博物院超過了100萬件的珍藏同樣無人匹敵。以臺灣2,300萬人口坐擁65萬寶物，確實給臺灣相關研究學者提供了先天良好條件，儘管筆者對於文物不甚瞭解，但經常到臺灣，並且每次都光顧臺北故宮，通過大眾傳播手段非常經濟的瞭解國寶，這也是大陸博物館努力的方向。如果北京故宮能夠建造專門的博物館來陳列故宮文物，使得大家能夠經常親身感受國寶，這樣普及後的國寶，才能夠是中華文化繼續傳揚。

全球化下美國報紙進入薄利化時代

　　加拿大學者麥克盧漢有句名言，就是媒介即資訊（The Medium is the Message）：即媒介的自我指陳。對此如何理解呢？就是說資訊的載體一定會為媒介，而媒介的形式可以為：報紙、廣播、電視和網路等。在網路媒體日益強大的今天，很多人對於報紙的發展充滿疑惑，甚至認為報紙可能會滅亡，事實上在商業化媒體成為主流的今天，亞洲非商業化媒體一枝獨秀，其主要原因在於商業化媒體發展存在固定模式和限制。

美國商業媒體遇困境

　　美國《新聞週刊》羅恩・嘉維斯（Ron Javers）認為，在美國當一份報紙發行量太大時，印刷和發行成本會上升，報紙和雜誌，尤其是報紙，為一種工業產品，與電子媒體相比，尤其是幾乎沒有生產和發行成本的網路相比，報紙的成本非常高，在商業環境下，報紙追求的是與廣告相對稱的最佳發行量，而不是最大發行量。《時代》週刊和《新聞週刊》都能買掉更多的雜誌，但雜誌賣的越多，印製和發行成本越高，平衡點就在於用足夠的發行量吸引更多的廣告[1]。

---

[1] 王棟，《對話美國頂尖雜誌總編──卓越媒體的成功之道》，作家出版社，2008年1月，第64-65頁。

美國《聖路易斯快郵報》記者埃麗卡·史密斯的調查統計顯示，2008年美國報業的失業人數已達1.5萬人。根據美國發行量統計局的資料，2008年3月至9月期間，全美507家日報的發行量減少了4.6%。甘尼特報業公司旗下的《今日美國報》和魯珀特·默多克新聞集團旗下的《華爾街日報》的利潤率也大幅下降，只能勉強維持運營。美國報業協會的統計表明，2008年第三季度美國報業的廣告收入降幅已達18.1%，連續第6個季度走低。

2008年	獨立訪問量 Unique Audience	有效閱讀，活躍指數 Active Reach（％）	頁面流覽量 Web Page Views	每人閱讀網頁數每個人流覽頁面數量 Pages Per Person	每人耗費的時間 Time Per Person (hh:mm:ss)	每人流覽次數 Visits Per Person
十月	68,968,125	42.17	3,537,248,971	51.29	00:49:08	9.27
九月	67,703,978	41.53	3,686,180,159	54.45	00:49:20	9.20
八月	69,313,361	41.52	3,421,605,140	49.36	00:43:18	8.52
七月	67,952,516	41.21	3,410,220,416	50.19	00:44:49	8.48
六月	65,419,560	39.89	3,137,650,162	47.96	00:40:23	8.17
五月	69,405,629	41.70	3,040,566,286	43.81	00:39:51	7.91
四月	64,341,029	39.11	2,851,466,740	44.32	00:41:13	8.15
三月	65,685,195	39.90	3,111,859,189	47.38	00:43:37	8.30
二月	66,546,096	41.00	3,064,613,644	46.05	00:43:09	8.07
一月	66,880,280	41.32	3,228,542,924	48.27	00:45:49	8.48

資料來源：Nielsen//NetRatings, MegaPanel Data

　　根據尼爾森關於美國網路的點擊率統計，可以看出美國網路的特點為：頁面的瀏覽量非常高，但其中的活躍指數卻只有一半，網站閱讀人群基本都很固定，在閱讀活躍指數上很難有大幅的提高，2008年十個月的閱讀活躍指數在2個百分點上下震盪。就是說很多的網友並不會專注於一個網站，而且在一個網站停留的時間非常短，網站往往會採用大量非常有刺激性的新聞、圖片和錄影，這樣網站吸引廣告商投資的報表將會非常難有個標準。美國網站的困境並沒有減少報紙的困境，美國報紙的困境主要應該是商業媒體的困境，如果是以服務為目的的網站，不追求盈利，在某種程度上很難生存，前期可能還需要國家大量資金的支援，一旦非商業化網站能夠存活，其影響力遠遠超過商業媒體，這與非商業化的雜誌和報紙的意義存在巨大的不同。

　　美國報紙在商業化進程中，選擇社區報為報紙的主要表現形式，最後在報紙、社區和廣告商之間形成有效、高利潤的三角關係，但是在互聯網的衝擊之下，三角關係被徹底打破。美國無線協會（CTIA - The Wireless Association）副主席馬克・迪少特爾（Mark Desautels）就直接撰文指出，3G電話系統為報紙提供了另外一種收益的平臺，美國現在有四千個客戶使用手機的移動平臺，這樣報紙有效的資訊來源，將會是這些平臺的質量保

BBC主持人嘲諷布朗是「獨眼的蘇格蘭白癡」，英國廣播公司一名汽車節目主持克拉克森在澳洲針對經濟危機發表演說時，形容首相布朗是個「騙子」，並稱他為「獨眼的蘇格蘭白癡」。布朗年輕時因玩橄欖球發生意外導致其中一隻眼睛永久失明。英國的盲人組織以及一些政治人物都對他的言論表示抗議。克拉克森對自己的失言表示歉意，但不會對「獨眼的蘇格蘭白癡」表示道歉。公司接受了他的解釋，並表示不會進一步追究此事。

證[2]。報紙將變成提供有效資訊給媒體人的平臺，如果媒體不能整合為有效平臺，單純報紙的利潤還會減少。

CNN主播卡弗蒂口無遮攔惹怒華人。美國有線電視新聞網CNN節目主持人卡弗蒂辱罵華人是50年不變的「呆子」。他發表的種族歧視言論，激怒了中國人民以及美國和世界的所有華人，在全球已掀起了一股聲討卡弗蒂和CNN的聲浪。卡弗蒂在節目中大放厥詞：我不知道中國是否不同了，但我們跟中國的關係肯定是不同了。其一，中國人對我們的敵意吸引了我們的眼光，其中一個原因是伊拉克戰爭。他們拿著我們數以千億計的美元，我們也累積他們數以千億元計的貿易逆差，因為我們不斷輸入他們帶鉛油漆的垃圾產品和有毒寵物食品，又將工作出口至一些地方，在那些地方你可以給工人一元的月薪，就可以製造我們在沃爾瑪買到的東西。所以我覺得，我們跟中國的關係肯定有改變。我認為，他們基本上同過去50年一樣，是一幫暴徒和惡棍。

美國讀報紙的人相對減少

從報紙誕生至今，一直承載著面對大眾的資訊傳播載體功能。尤其是在滿足受眾知情權，推動社會民主進程方面，報紙的作用可圈可點。

隨著傳播技術的發展，人們對資訊的需求絕對是在逐步增長，可供選擇的資訊供應商也越來越多。相比電視、廣播和網路，報紙是個

---

[2] Mark Desautels，Wireless and the Future of the Newspaper Business，http://www.naa.org/（美國報業協會網）。

單一載體，主要刊載文字和圖片，只能用來閱讀。電視和廣播，除了視覺資訊之外，還提供了影音娛樂，同時調動了受眾的感官，而網路更是把即時互動也納入進來。更重要的是，電視、廣播和網路，其接收工具都是由受眾購買，且一次性支付，資訊是其所能實現功用之一種，用戶在購買時候，並不會覺得是專程為了獲取資訊而花錢。報紙則不一樣，其載體成本是要受眾通過每一次的購買或者訂閱來支付。互聯網整合了資訊、娛樂、社交等功能，資訊獲取成本幾乎等於零。

21世紀人們消費資訊的習慣和購買心理發生了巨大變化，就是資訊爆炸，面對免費的訊息，受眾都不知道如何選擇，對於需要付費的報紙訊息，大量受眾開始有不願意再付費的心理，部分受眾付費只是由於閱讀習慣還沒有改變，現在報紙的運營模式變化不大。紙張印刷、發行、推廣的成本一成不變，成為拖住報紙發展的沉重負擔。根據2008年美國傳媒報告的資料，2007年全美日報發行量比2006年下降了2.5%，週末版下降了3.3%廣告收入下降了7%。2008年的數字現在還沒出來，但估計比2007年下降更多[3]。

儘管《紐約時報》、《華盛頓郵報》等美國大報都有支持校園計畫，試圖培養年輕一代的讀報人群，卻不得不面對讀者群日益老齡化的現實。將來讀報紙的人，很有可能會像穿手工皮鞋的人一樣少。雖然報紙也紛紛搭建了自己的網站，根據尼爾森的研究報告，報紙網站的獨立訪問數以十萬級的數字在增長，到2008年10月已經增長到689多萬人[4]。人們已經習慣了免費閱讀，網路廣告所帶來的收益，遠遠抵不過紙媒廣告下滑的數字。以《紐約時報》為例，2008年前3季度，互聯

---

[3] The Atate of the News Media 2008, Newspaper. http://www.stateofthenewsmedia.org/2008/narrative_newspapers_intro.php?cat=0&media=4

[4] http://www.naa.org/TrendsandNumbers/Newspaper-Websites.aspx

網廣告收入增加了10.2%，為7,440萬美元，但傳媒部分的總體廣告收入減少了15.9%[5]。

廣告主的選擇越來越多了

報紙的成本絕大部分花在印刷和採編，而收益則很大部分來自於廣告。水門事件、五角大樓文件事件，一系列社會問題的深度調查報導，為華盛頓郵報、紐約時報等報媒帶來了巨大的聲譽，但是這些報導的投入和產出怎麼算？具體折算到報紙盈利，又該怎麼去量化呢？

大量佔據新聞版面篇幅的伊拉克戰事報導，是牽動美國國民支持美在伊扶植親美民主政權的強力號召。
（圖片來源：www.theodoresworld.net/）

新聞媒體種類多了，其他廣告載體多了，意味著廣告主的選擇也越來越多，原來由一家報紙壟斷的資訊傳播市場早已不見。互聯網的發展，更是進一步擠壓了報紙的廣告空間。譬如1995年建站的Craigslist線上分類廣告網站，25個員工在維多利亞一間小公司，預計2008年的廣告收入將達到8,100萬美元，輕而易舉地將整個報業的分

---

[5] 紐約時報公司財務報表 http://phx.corporate-ir.net/phoenix.zhtml?c=105317&p=irol-pressArticle&ID=1216542&highlight=

類廣告市場份額延攬到了自己的盤子裏。面對讀者在流失，發行量在降，廣告收入在降，再加上經濟危機，廣告主的手也越來越緊了，以前也許是廣撒網多捕魚，現在更講求廣告效果，報紙進入廣告投放第二梯隊也是情理之中的事情。

2008年11月12日，當被問到論壇報業公司與其他公司廣告下滑速度的差別時，論壇報業公司的總裁山姆・澤爾表示，你這是在拿麻風病和癌症做比較！2008年12月8日，《紐約時報》宣佈計畫抵押位於曼哈頓的總部大樓，換取銀行借款，以緩解公司流動資金危機。前9個月，時報公司傳媒方面的廣告收入為12.3141億美元，比2007年下降了12.7%。同一天，華盛頓郵報公司董事會主席唐納德・格雷厄姆（Donald E. Graham）在紐約舉行的全球傳媒傳播年會上說，雖然華盛頓郵報的發行和廣告情況比其他家好，但在2008年仍面臨虧損。我們力圖扭轉這一局勢，但廣告所面臨的極端惡劣經濟環境，對我們在2009年的提升是很大的挑戰[6]。

目前美國報紙降低成本不外乎用更輕薄的新聞紙，縮減版面寬度，優化油墨的使用，將自己所運營的部分業務外包給專業機構，包括報紙的印前、印中和印後業務。美國報紙編輯部內部也開始展開緊縮策略，縮減版面，減少出報次數，整合編輯部，報紙改版[7]。這種變革基本上還是屬於保守型，最主要是穩住美國報紙遇到的危機和挑戰，這其中最主要的是美國報紙沒有對於其他產業進行大規模的投資，來減少美國報紙利潤下降後的損失。

---

[6] UBS Global Media and Communications Conference, http://library.corporate-ir.net/library/62/624/62487/items/317916/%7B722FECDB-BF20-4B28-BFCD-1110DB3A001F%7D_UBSMedia12.8.08.pdf

[7] 程征，《報業危機——美國報業如何應對成本壓力？》，http://www.xinhuanet.com，2008年11月17日。

美國的國家印鈔廠。

報紙利潤下降回歸傳播基本功能

報紙在承擔其社會功能的同時，也為自己帶來了較為豐厚的利潤回報。比起其他行業，傳媒業在過去二十多年裏的利潤率遠高於其他行業平均水平。

巴菲特曾說，他看過許多零售商一度擁有令人吃驚的成長率和超乎尋常的股東權益報酬率，但是後來突然間業績急速下滑，如果他們很早之前就聰明地買下一家地方電視臺，哪怕是把它交給懶惰又差勁的侄子來經營管理，而這項事業卻仍然可以好好地經營上幾十年。

近年報業與房地產「聯姻」，在美國有很多案例：2005年華爾街對沖基金「堡壘投資」收購擁有百餘家報紙的自由出版集團；2006年美國最大的高級住宅建設公司道爾兄弟與另一廣告商聯合出資5億美元，收購擁有《費城問詢者報》和《費城每日新聞》的費城傳媒控股集團；2007年美國房地產大亨山姆‧澤爾以總金額82億美元收購了美國第二大報業集團論壇報業集團——旗下擁有洛杉磯時報、芝加哥論壇報、巴爾的摩太陽報等8家大型日報和23家電視臺，並表示：我保證，我來這兒可不是想當鐵達尼號的船長。

在2008年11月12日的一次媒體論壇上，山姆還侃侃而談其實施的一系列改革措施，但美國特拉華州破產法院檔顯示，截至12月8日該公司擁有76億美元資產以及129.7億美元債務。根據美國破產法第11章規定，論壇報業公司申請破產保護。山姆不得不承認，這是一樁來自地獄的交易[8]。

美國地產大亨山姆‧澤爾把報紙當成高回報的投資專案，但隨著網路的崛起，

山姆‧澤爾。

美國報紙區域性的局限，使得報紙的利潤直線下降，但報紙的新聞價值和全民普及性的特點則全面體現出來，這樣美國報紙面臨全面轉型階段，這對於美國報紙是非常痛苦的，美國報紙必須透過紙張、網路和手機平臺向讀者提供更加全面、快捷的內容，這是對美國報業的挑戰。

巴菲特的投資。

8 Zell's Sell , Sam Zell Talks with Joanne Lipman ，by Portfolio Staff .Nov 24 2008
http://www.portfolio.com/executives/features/2008/11/24/

　　由於美國經濟走衰，金融危機嚴重危及到實體經濟，再傳導到傳媒廣告，效應可能稍有些滯後，但可以預計未來將有更多的報業集團面臨債務危機。2008年12月8日，2008年美國報業協會的傳媒報告直言，儘管報紙離死期還遠，但有關它行將就木的傳言卻越傳越廣。報業頹勢已經持續了好些時間，在2007年度的衰退速度前所未有地快，2008年沒可能很快地扭轉頹勢。

　　2009年1月2日，美國非盈利機構維琪媒體基金會（Wikimedia Foundation）宣佈，已順利完成2009財年600萬美元的資金募集計畫，未來一年網站將會在財務上順利運營，這些錢主要來自全世界的維琪百科用戶和基金會。維琪百科對世界文化有著顯而易見的意義和貢獻，但從沒考慮過盈利，這對同樣追求社會效益的傳統報業來說，或許有些借鑒——不是說報紙提供的內容不重要，而是說它是否應該獲得那麼高的利潤。而告別了高利潤的報紙，是否能一如既往地提供高質量的內容，或許是決定報紙存亡的又一個重要問題了。

　　中國和韓國、日本等國家與美國報業發展最大的不同就在於讀者群的區別，韓國、日本等國家對於國際新聞的關注是全世界少有的地區，中國則更強烈，中國發行量最大的報紙竟然是以報導國際新聞為主的參考消息。中國還面臨通過報紙達到廉價普及閱讀和教育，這樣美國的發展只是展示了報紙的其中的商業功能，在商業化問題面前，中國和美國遇到的問題是相同的，但問題的嚴重程度不同，在報紙的非商業化運作方面中國媒體經驗較為豐富。在面臨網路衝擊下的報紙，其利潤下降為總的趨勢，報紙、電視、電臺回歸基本傳播功能是21世紀媒體的基本特徵。

美國地緣政治具脆弱性[1]

【《大公報》短評】現在美國金融、保險和投資企業已經成為眾矢之的，民眾對於這些公司的憤怒可想而知。但此時主要的問題確是由此前地緣政治的擴張和總統權力的延伸造成的。在經濟危機面前，美國總統權力將會弱化，並且地緣政治擴張將會停止幾年。

---

[1] 本文發表於香港《大公報》，2009年4月28日。

2009年4月29日，美國總統奧巴馬就任將滿一百天，未來奧巴馬的權力是會擴張還是會萎縮，成為美國媒體觀察的重點。《洛杉磯時報》指出，奧巴馬已下令關閉關塔納摩監獄，定下從伊拉克撤軍時間表，讓女性起訴職業歧視更為容易，放鬆對幹細胞研究的限制，擴大對數百萬兒童的健保，開除了通用汽車主管，放棄單邊主義，重視與盟國合作，同伊斯蘭教世界開始接觸，開始緩和同古巴的關係，出訪加拿大、歐洲、土耳其和拉美，並劃出大片聯邦自然保護區。

圖左： 《紐約每日新聞》刊頭寫上：AIG是頭豬，就算有眾多民眾往AIG商標上猛砸番茄，但整起AIG獎金事件「錯在政府」。

圖右： 就在G20峰會在倫敦舉行的前夕，中國高調發出了自己的聲音。中國人民銀行行長周小川3月23日在央行網站以中英文發表了《關於改革國際貨幣體系的思考》，緊接著在24日和26日分別以《關於儲蓄率問題的思考》《關於改變宏觀和微觀順週期性的進一步探討》為題論述中國在當前金融危機中的立場、建議和構想。

總統權力將會弱化

奧巴馬的這些作為基本上是緩和民眾對於政府和企業的不滿。其實奧巴馬正放棄小布希在總統任內的無限權力，美國政府的規模和權力在未來將會大幅萎縮。

「911事件」發生之後，美國在全球都開始了反恐的鬥爭和戰爭，這樣使得美國總統的權力得到無限的擴張，關塔納摩監獄的存在就是

無限權力的象徵。美國在佔領伊拉克之後，其地緣政治的擴張野心也達到前所未有境界，這樣在強大政治力的保障之下，美國的經濟發展模式也發生了巨大的變化。簡單的講，任何的經濟模式都是以實體經濟為基礎，銀行和保險公司都是國家內部資金流通的血管和保障。

美國政府反恐擴張的最直接效果就是美國民眾感覺自己的安全獲得了高度的保障，這樣「安居樂業」成為美國民眾的首選，房地產過度消費成為美國經濟發展的主要模式。在這中間，銀行、保險、投資公司手中的金錢成為美國主要賺錢的工具，如何將地緣政治擴張轉變為現金，成為小布希總統第二任的主要任務，與中國、俄羅斯、西歐抱持友好，另外加緊金融擴張，成為主要的表現形式。而在此期間意外發生的顏色革命則是其中的小插曲，其中各種勢力在這個過程中紛紛崛起，包括在六、七十年代並沒有很大起色的非政府組織，所以說非政府組織也是2000年後經濟快速發展的主要受益者。

現在美國金融、保險和投資企業已經成為眾矢之的，民眾對這些公司的憤怒可想而知。但此時主要的問題確是由此前地緣政治擴張和總統權力的延伸造成的。

廣東出版集團所出的菁英報紙《時代周報》就有對中國銀監會劉明康的整版報導。問題的關鍵就在於，當中國房地產處於瘋狂上漲時，中國銀監會主席採取了大量謹慎而且非常有效的措施，限制瘋狂的房產發展。現在美國的花旗銀行和美國銀行90%的市值已經灰飛湮滅，此時中國的工商銀行、建設銀行和中國銀行已經躍升為全球三大銀行，佔全球前十大銀行總市值的51%。及時在經濟過度膨脹時熄火，是美國政府的責任，儘管民眾會不喜歡，總比最後出現問題好。

65年前，經濟學家凱恩斯在佈雷頓森林會議閉幕的酒會上向總統羅斯福表示：既然致力於一種共同的標準，共同的法則，那它就應該

是被所有人樂於接受的。這種共同的標準和法則就是：地緣政治的擴張不能夠助長經濟投機行為。

能看得懂的大陸存在的大量問題嗎？

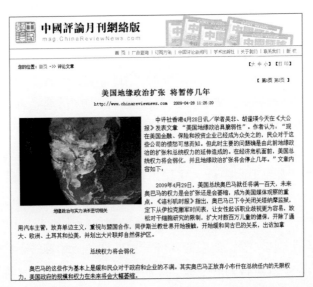

香港中國評論月刊將此文理解為為美國地緣政治擴張將會停止幾年。

南方日報網則認為奧巴馬的權力會弱化。

擴張並非為了民主

美國地緣政治在歐洲的主要表現形式就是北約東擴。相對而言，德國和法國更加希望歐盟能夠發揮更大的作用，但是東歐國家和幾個獨聯體國家為了自身的安全，更加希望北約能夠成為自身的保護傘。所以北約東擴大受歡迎，並且有效壓縮了俄羅斯的戰略空間，保障了能源的穩定來源。這些助長了美國金融的投機行為。

美國在亞洲的地緣政治的主要表現形式就是跳島效應和民主化推廣。跳島效應就是在日本、韓國、臺灣地區和東南亞國家推行民主化。但在韓國、臺灣地區、泰國等紛紛出現領導人貪腐行為之後，這些地方的民眾都開始反省民主模式的缺陷。美國對於亞洲國家和地區的基本戰略就是：發展經濟、民主殿後。

國立莫斯科國際關係學院首席教授阿爾秋莫夫，曾在華約組織框架下的國際記者組織和蘇共顧問委員會擔任祕書長，阿爾秋莫夫教授

一生遊歷八十幾個國家，而主要的落腳點則主要在阿富汗、印度、東德、智利、埃及和索馬裏等蘇聯專家經常出現的國家。最近阿爾秋莫夫教授就指出，戈巴契夫執政期間，蘇聯的安全戰略在阿富汗和東德完全錯誤。

當然很多的西方媒體都在宣揚蘇聯無法承擔在阿富汗的軍事費用和損失，當時蘇聯軍隊整體的思維是全面佔領阿富汗，如果這種思維改為部分佔領，就像現在美國基本只在阿富汗的首都駐軍，其他地方美國軍隊只算是路過。如果有這樣的思維，蘇聯在阿富汗的安全戰略就不會失敗。

美國總統奧巴馬週末喝啤酒看球賽。2009年2月27日在一場不太引人注目的NBA常規賽比賽中，由華盛頓巫師隊主場對陣芝加哥公牛隊，美國總統奧巴馬親臨現場，喝啤酒看球使得一場平常的比賽變得有意思起來。

蘇聯戰略亦有錯誤

另外，在東德的全面撤退也是全面失敗，換來的只是美國口頭承諾北約不東擴。其實在蘇聯撤出東德的時候，蘇聯的安全智囊的建議是軍隊撤出，但將其他所有人員留在東德，做好東德進一步和蘇聯經濟一體的準備，用時間換取聯合空間。這些蘇聯智囊算準東德的經濟不會與西德完全合拍的，這樣過兩年西德會來尋求和蘇聯的合作。但

如果全面撤出東德，損失最大的就是蘇聯，其次是西德，因為西德不能夠完全吃掉東德，一個長期處於經濟整頓的德國符合美國的利益需求。

對於這一點，在中俄關係中同樣存在。當年中蘇關係惡化，蘇聯撤出專家，使得當時大量的蘇聯援助項目停擺。1992年蘇聯解體之後，大量的俄羅斯專家回到東北，就是在解決當時的項目是否有復甦的可能性，結果是很多項目得到復甦，但需要資金改良。

在經濟危機面前，美國總統權力將會弱化，並且地緣政治擴張將會停止幾年，俄羅斯也剛從蘇聯八十年代錯誤擴張中甦醒過來，中國則剛開始崛起。

美國的奧巴馬熱。

Vasily Vasilyevich Vereshchagin所畫：美化的戰爭（The Apotheosis of War，
Апофеоз войны）。

「潛伏」語境的不對稱性與不當傳播

　　當西方世界發生金融危機之後，中國以自身堅強的經濟實力躋身成為政治、經濟強國，隨之而來的是在影視創作的繁榮，而且一些相當敏感的歷史也搬上電視，最近剛剛在熱播的電視劇《潛伏》就是其中之一。

　　5月20日當兩岸關係逐漸轉為熱絡的時候，國民黨和共產黨當年的恩恩怨怨也引發民眾的關注，臺灣領導人馬英九最近在接受《中國時報》專訪中表示兩岸應該往前看，過去光是一個徐蚌會戰（大陸稱淮海戰役）都是上百萬人的傷亡，當然是不堪回首的往事，中華民族再從事內戰實在是人類的悲劇，他呼籲兩岸不要再重複過去的惡鬥。從馬英九就可以看出，兩岸對於同一段歷史的名稱、看法是完全不同的。當然臺灣民眾在最近十年的認同上出現分歧，但在紀念蔣經國百年誕辰中，臺灣民眾正在凝聚共識，更加凝聚的臺灣是一種趨勢。

　　《潛伏》電視劇熱播的正是國共鬥爭中最為激烈和具有相當爭議的階段，在此階段存在幾個問題就是：在抗日戰爭階段隸屬於國民的軍統組織開始使用大量的暗殺手段來對付日本侵略者和漢奸後，在內戰中這樣的方式和方法得到延續，這些濫權的行為，蔣經國在臺灣將這些脫軌行為做出徹底的整治。

《潛伏》大陸化、不瞭解國民黨

　　《潛伏》電視劇在整體表演的過程中存在如下問題：

　　首先，劇本、導演、演員對於國民黨官員的整體特點缺乏瞭解。國民黨的整體支持者基本是建立在地主和知識份子的基礎之上，國民

黨的問題就是在持續的抗打擊上比較薄弱，要不然無法理解為何在抗
日戰爭中的正面戰場上付出巨大代價之後，在接下來的內戰當中，國
民內部出現了大量集體貪污的現象，就是說八年抗戰使得國民黨的菁
英在精神長期的緊繃之後，然後馬上進入另外一場更為激烈的內戰，
這使得國民黨部分官員精神崩潰。

《潛伏》電視劇的基本語言為黑社會的短語和勾心鬥角，與兩黨的菁英作為完全
不一樣，大陸觀眾常有一些喜愛最後的瘋狂的行為。

　　這樣當國民黨退居臺灣之後，儘管蔣介石不忘反攻大陸，但此時國民黨的外部壓力已經大為減少，這使得很多的國民黨的高官和老兵，基本上都很高壽，達到百歲以上的比比皆是。而中國大陸高官和士兵高壽的不多。

　　其次，國民黨菁英當時的政治思想是非常強烈和堅強的，國民黨在正面戰場失敗的主要原因是一種反戰情緒的延伸，在經過正面戰場長達八年的慘烈戰爭後，國民黨內部對於內戰出現分歧，對於這些在香港鳳凰衛視的紀錄片中多有體現。

　　再次，在中共的地下組織和國民黨的軍統（後為保密局）的鬥爭，其實各為其主，不需要擺出來，這是一場菁英對菁英的鬥爭，其中包含的問題非常複雜，這在電視劇這樣粗淺的文藝形式很難表現出來。

　　在內戰發生的後期，國民黨的保密局確實出現大量的濫權現象，之後在蔣介石到臺灣之後，由蔣經國重新整頓這些特權單位。《潛伏》電視劇的導演在採訪中承認劇本是受到來自蘇聯時代的相關小說影響，但是以筆者留學俄羅斯七年多的生活經驗來看，蘇聯在電影題材製作方面來講，從來不涉及克格勃的題材。而且在蘇聯和俄羅斯時期民眾都普遍認為，克格勃在美國媒體的可以污蔑下，都變為殺人機械的代名詞，但在蘇聯領導人中安德羅波夫和俄羅斯前總統普京都出自克格勃，而且蘇聯和俄羅斯大量的領導人都和克格勃有直接和間接的關係。克格勃的俄文為：Комитет Государственной Безопасности，就是國家安全委員會，是一個跨部門協調的單位，主要是保證國家安全協調機制。其實美國的中央情報局（CIA）是和克格勃相對應的單位，但部門級別低很多，在協調力度上比克格勃薄弱，經常在組織活動中出現問題，這樣污名化克格勃是中央情報局的主要任務之一，並且這一任務在冷戰中基本得到完成。蘇聯克格勃的主要問題是濫權，並且對於大量的涉外和學術機構及教授進行監聽等活動。

克格勃的標誌和俄羅斯聯邦接受安全課程培訓後的畢業證。

蘇聯克格勃行動中照片和俄羅斯聯邦杜馬的安全會議。

蘇聯領導人安德羅波夫對於蘇聯的戰略貢獻最大。

　　自臺灣宣佈解嚴之後，臺灣的安全部門的權力大大弱化，這應該是前總統李登輝進行民主化後的結果。對於這一結果，很多的臺灣民眾是表示認可的，這就像當初俄羅斯聯邦剛成立的時候，前總統葉利欽馬上就分解了克格勃為：對外情報局、聯邦政府通信與資訊局、聯邦邊防局、聯邦警衛局和跨共和國安全局。後來，俄聯邦國家安全委員會也被改編為聯邦安全署。

　　最後，《潛伏》電視劇人物的表演基本上是非常大陸性質的，很少有臺灣國民黨人物的特質，演員反倒很有黑社會的味道。如現任臺灣國安會祕書長的蘇起先生本身就是個文人，蘇起先生卸任陸委會主委後，就專任淡江大學教授，蘇起先生的專業研究是蘇聯和東歐國家，具有堅定的信仰。在電視劇中有一個場景是站長和余則成聊天，站長將幾十年的生活總結為：人不為己，天誅地滅。這其實與國民黨

高官信仰有著本質的區別，要不然就很難理解國民黨高官不任職就回大學當教授了，真正教書，這在大陸很少見的現象。

中共三個重要情報人員：李克農、錢壯飛和胡底。胡底死於張國燾之手。一天，任國民黨中央調查科機要秘書的錢壯飛接到一份絕密電報，他破譯到一半時，已大驚失色。電文內容是：顧順章（顧當時是中共中央政治局候補委員，中央特科負責人，知道很多黨的核心機密）在武漢被捕，並已投降，如能迅速轉到南京，三日內可將中共機關全部肅清。錢壯飛立即吩咐交通員以十萬火急的速度去上海，將情報送到李克農手中。李克農將情報連夜通知了領導人周恩來、陳賡。根據這一情報，中共立刻廢除了顧順章知道的全部暗號和接頭方法，全部轉移。後錢壯飛死於國民黨之手，

1992年前後，KGB大樓，KGB的美女，KGB的創始人捷爾任斯基。

宣傳內容令人毛骨悚然

　　臺灣的幾個媒體人認為：該電視劇是處理國共內戰題材最成功，臺灣民眾能夠接受。在兩岸全面和解之下，臺灣有兩種人都是少數，一是專拍大陸的馬屁精，另外就是臺獨。在解嚴之後，臺灣百分之九十以上的民眾對於這些題材抱持厭惡的態度，這樣的電視劇更沒有市場。好像在大陸只要打上愛國，就所向無敵了，但其中濫權、暗殺、監控、勾心鬥角等手段看後都使人毛骨悚然，因為現在這些手段可能還有存在的空間，難道大陸民眾不害怕嗎？

　　中國大陸影視圈在表現1920年代到1940年代國民黨統治時期「年代戲」的時候，經常會出現一個問題，就是語境完全不對。國民黨官員在語言的使用上經常使用長句和文言文，中共在延安整風之後，官員則習慣於使用短句。2005

Former Azerbaijani President Heydar Aliyev was the first Muslim member of the KGB and is credited with bringing stability to Azerbaijan after its uneasy independence.（KGB出身的阿塞拜疆總統。）

年當國民黨前黨主席連戰開啟破冰之旅時的演講就大量使用長句，這給大陸民眾完全耳目一新的感覺。作家龍一先生的小說簡潔、凝練，像一個故事大綱，但這樣的寫作風格就完全違反國民黨官員的基本個性，這只能表明那只是虛構。

4月11日，由中國電視藝術家委員會主辦的《潛伏》專家研討會在北京舉行，會後有的領導同志看完以後說，寫家庭當中的矛盾跟敵特之間的矛盾相比太大了，應該小一點。對於信仰的建立和信仰的轉折的過程中是有波折的，應該更深刻地體現。這其中主要的問題就在於國民黨官員是否是這樣，通過現有的語境是無法表現的。

列寧死後，捷爾任斯基為列寧扶棺。

大陸一些的影視劇還是非常習慣、善於醜化國民黨官員，甚至是很多的大陸民眾對於臺灣女性的看法大多數還停留在瓊瑤的的影視劇中，殊不知在臺灣的民意代表中的女性是非常強悍的。最近民進黨的女立委邱議瑩在不滿男立委李慶華的言論後，就直接上前摑了一巴掌給對方，近兩年鳳凰衛視有幾部紀錄片描寫蔣宋美齡，以及蔣宋美齡親手創建的婦聯會，現任會長前海基會董事長辜振甫的夫人辜嚴倬雲現在同樣在從事大

量的公益事業，另外慈濟也是由大量女性組成，並且對於臺灣和世界的公益事業有著大量的影響。現在大陸在快速發展之後，女性的特質並沒有充分表現出來，具有領導性的女性則更少，並且在一些超女節目中，物化女性的節目則比比皆是。

　　大陸對於國民黨官員的不瞭解比比皆是，當然該電視劇在大陸民眾中有一定的市場，只要是製作手法和原來五、六十年代的有所區別，就會吸引受眾。在這裡筆者只想問一個問題，從作家、導演到演員，有哪個是和國民黨官員做過近身接觸，尤其是電視劇中主要描寫的軍統。估計應該是沒有，聽內部人說的也許占大多數，現在兩岸還沒有統一，這些人怎肯講出全部實情。

俄總統經受了媒體檢驗[1]

　　過去一年來，俄羅斯經歷了內外交困時期，此間，梅德韋傑夫是否勝任總統的職務也備受俄傳媒的關注。如果梅德韋傑夫不能夠適時發聲的話，一個沉默的總統一定會被俄羅斯民眾拋棄。現在梅普雙核，一個負責國內，一個負責外交背書的模式已經成型，梅普團結眾望所歸。

---

[1] 本文發表於香港《大公報》，2009年3月10日。

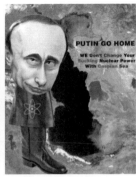

Ivan Nikitich Nikitin所畫去世前的彼得大帝，畫於1725年。

在國際油價狂跌的經濟低谷期間，俄羅斯還要面對北約進一步孤立戰略的進逼，以及美國在東歐設置反導彈系統的侵略性舉動。去年8月初，格魯吉亞軍隊乘著北京奧運期間，快速佔據了南奧塞梯首府茨欣瓦利市，引發俄羅斯決定進行快速軍事打擊。俄格軍事交火，引發國際社會譁然。今年初，烏克蘭也因為天然氣價格的傳統糾紛與俄羅斯槓上。諸多問題都顯示俄羅斯總統梅德韋傑夫過去一年面對很大的挑戰，但梅德韋傑夫卻明快果斷

Ivan Nikitich Nikitin所畫的神采奕奕的彼得大帝，畫於1717年。

地解決了這些問題，也顯得這位總統越加成熟與幹練。俄傳媒對梅德韋傑夫過去一年施政表現高度肯定，顯示了這位年輕總統已經逐漸獲取了俄羅斯民眾的信任以及通過了俄媒體一年觀察期的嚴格檢驗。

俄媒體肯定總統政績

俄羅斯最大的菁英報紙《消息報》，2月25日刊登了一篇評論文章，標題是：用不著「見獵欣喜的好心人」的提醒，高度評價了俄羅斯總統梅德韋傑夫的施政表現。該報認為，梅德韋傑夫當選總統近一年是相當不容易的一年，其危機處理能力與外交表現令人刮目相看。尤其是表現在堅決反對北約吸納格魯吉亞與烏克蘭的立場上，軍事打擊格魯吉亞向南奧塞梯開火的軍事行動上，俄烏斷氣問題以及應付金融危機和俄羅斯內政上。

《消息報》認為，梅德韋傑夫在許多問題上的處理已經非常獨立，有自己的想法，這與普京強調的重點的確不相同，但這體現出這位總統已經逐漸成為一位了不起的政治人物。許多熱切討論和關注總統與總理不和的人，如同獵人般追逐且緊盯著兩人的差異，試圖找出這個國家體制上的漏洞，離間克宮（總統辦公地點）與白宮（總理辦公地點），期望見到俄羅斯體制運作的癱瘓。該報寫到，梅德韋傑夫

2008年11月26日，筆者在國立政治大學傳播學院廣電系郭力昕教授主持下，進行名為：蘇聯、俄羅斯、中國大陸媒體體制轉型（圖片來源：臺灣國立政治大學傳播學院研究暨發展中心網站）。

與普京的確是不同類型的人，但他們倆人擅於異中求同去解決問題，無需那些「見獵欣喜的好心人」提醒，這是國家的萬幸！他們倆並不同於烏克蘭總統尤先科與總理季莫申科的互動關係。若是說梅德韋傑夫不適任總統這個角色的話，這是毫無根據的說法！他的政績決非依賴與普京的政策不同來體現。

筆者與郭力昕教授（圖片來源：臺灣國立政治大學傳播學院研究暨發展中心網站）。

筆者與師生對談，臺灣國立政治大學學生的問題令人印象深刻（圖片來源：臺灣國立政治大學傳播學院研究暨發展中心網站）。

　　梅德韋傑夫個人展現了明確且快速的決策能力，顯示了這位總統在危機面前並不軟弱退卻，其堅強獨立的人格特質與決策能力，贏得了俄羅斯媒體普遍的高度評價與肯定。俄羅斯媒體並不急於抨擊與從負面討論這位元新任總統，目的是為了俄羅斯的內部團結。這應該是俄國內部感受到國際上對俄國巨大的孤立壓力以及對俄羅斯國家發展不明朗的一種擔憂的恐懼。

普京與梅德韋傑夫互動良好，據國立莫斯科國際關係學院國際新聞系首席教授阿爾丘莫夫介紹，其實兩人背後的智囊團隊是一個，存在兩人的分歧可能性沒有。

俄格事件考驗俄羅斯

　　俄格事件是測試俄羅斯忍耐力的警戒區。俄對格軍事打擊說明了俄的態度，所以歐盟尤其緊張。俄格衝突後，位於比利時布魯塞爾的歐盟總部，在歐盟現任輪值主席國、法國總統薩爾科齊的提議下，歐

盟27國領導人當天在布魯塞爾召開特別峰會，討論歐盟應對俄格衝突的具體方案。歐盟成員國領導人2008年9月1日晚結束了旨在為格俄衝突尋找對策的特別峰會，決定在俄羅斯軍隊徹底撤回到衝突前位置之前，暫時推遲與俄羅斯的雙邊關係框架協定談判。

　　強化俄羅斯能源外交的獨立性，是梅德韋傑夫衝出國際孤立重圍的重點。去年俄格軍事衝突中，我們看見了歐盟與美國對俄羅斯的施壓。為了因應歐盟逐漸減少對俄羅斯能源依賴的可能性，俄羅斯未來將致力於遠東油管的鋪設，開拓東亞的能源市場。但由於俄羅斯與中國之間缺乏互信，俄羅斯的薩哈林2號油管計畫並未涵蓋中國。

梅德韋傑夫就職演說中提出他的四個現代化政策，政治改革方面，將在下屆國會選舉中降低國會黨團門檻至5%，讓屬於自由派的右翼團體能夠再度回到國會中。周邊外交以強化獨聯體關係為優先政策，以強化獨聯體的關稅同盟來擴大貿易。

南奧塞梯使俄外交突破

　　格俄衝突爆發後，俄羅斯承認南奧塞梯和阿布哈茲獨立。格魯吉亞隨即正式宣佈同俄羅斯斷交。從格軍入侵南奧塞梯的行動來看，

薩卡什韋利的作法簡直是玩火自
焚，以致於自食惡果。俄格之間
的關係惡化就是在薩卡什韋利
上臺之後出現。在美國的支持之
下，薩卡什韋利的政治生涯一路
扶搖直上。2003年在一場抗議格
議會計票舞弊的反抗示威聲浪

中，2004年1月，薩卡什韋利參選總統大獲全勝，執政後立即奉行親美
疏俄政策，極力加入北約。雖然阿布哈茲與南奧塞梯謀求獨立多年，
俄羅斯一直沒有正當的理由支援這兩個地區獨立建國，況且俄羅斯對
格魯吉亞與烏克蘭顏色革命的抗議，只是反應俄羅斯外交的困境與無
力感。這次事件剛好是俄羅斯外交的突破口。

俄格衝突後，梅德韋傑夫在南部城市索契接受電視臺採訪，他表
示，俄羅斯不希望發生新的冷戰，但對於這一前景並不懼怕。過去半
個世紀以來，國際格局以美蘇為首的兩大軍事集團的對立劃分而成。
蘇聯解體後，美國霸權造成國際體系的單極化，北約東擴與在東歐部
署反導彈系統直接挑戰了俄羅斯堅決的反擊立場，構成了美俄國際衝
突的新型冷戰特點。

作者和俄羅斯駐臺灣經貿代表處的副代表和簽證官，中間為國立莫斯科國際關係學院國際新聞系首席教授阿爾丘莫夫。

俄羅斯國立莫斯科國際關係學院國際新聞系首席教授阿爾丘莫夫到臺灣知名智庫亞太和平基金會演講，會後與副執行長陳一新教授、研究部副主任鄭嘉慶先生合影。

中俄影響世界未來格局[1]

【《大公報》短評】金融危機發生之後，美國在國際上的地緣政治霸主地位全面倒退和削弱，俄羅斯和中國的國際戰略調整的速度，決定了未來整體世界的格局。中國作為世界多極中的一級，必須及早確認戰略發展的格局。

---

[1]　本文發表於香港《大公報》，2009年4月17日。

2009年第13期俄羅斯《專家》週刊，登載了專題為「全球化後的世界格局」的系列文章。其中兩篇文章非常有特色，一篇名為《世界和平的多種方案》，另外一篇為《倫敦峰會後的世界》。最後這篇文章為筆者在國立莫斯科大學的師弟馬克‧紮瓦多斯基發自北京的評論，文章對於G20後的世界格局進行了比較詳細的分析，並且對俄羅斯的戰略發展方向提出自己的質疑。這篇文章具有相當的指標意義。在某種程度上馬克‧紮瓦多斯

Orest Kiprensky所畫的詩人普希金（Portrait of Alexander Pushkin. Портрет Александра Пушкина.）

基的思維代表了俄羅斯現任總統梅德韋傑夫對於世界格局的思考。中俄的戰略開始由一直受到美國的擠壓，變為漸進性擴張。

列賓所畫正在皇村學校讀詩的大詩人普希金（Alexander Sergeyevich Pushkin recites his poem before Gavrila Derzhavin during the Tsarskoye Selo Lyceum exam on January 8th, 1815. Oil on canvas. 123,7 × 195,5 cm. Tsarskoye Selo Lyceum (All-Russia A. S. Pushkin Museum), St. Petersburg.Александр Сергеевич Пушкин читает свою поэму перед Гавриилом Державиным на лицейском экзамене в Царском Селе 8 января 1815 года. Холст, масло. 123.7 × 195.5 см. Царскосельский Лицей (Всероссийский музей А. С. Пушкина), Санкт-Петербург.）

俄開始整頓獨聯體國家

西方媒體以漫畫扭曲普京形象。

馬克・紮瓦多斯基認為，儘管美國面臨經濟困境，但俄羅斯未來在東歐等地區的地緣政治擴張可能性很低，因為俄羅斯的經濟在很大程度上還被寡頭控制，俄羅斯軍隊軍費的來源非常有限，這樣俄只能夠在區域擴張上下工夫。就是說，俄羅斯現在最大的國策就是整合獨聯體國家。俄羅斯與獨聯體國家在經濟方面的整合已經相當的成功，現在需要在政治整合上努力，最好令「顏色革命」中的烏克蘭和格魯吉亞產生政權的更迭。現在俄羅斯已經將美國在中亞國家的軍事基地基本消滅，但中亞國家回歸獨聯體，對於俄羅斯長遠的戰略沒有太大

的意義。若格魯吉亞在未來兩年能夠政權更替，對於俄羅斯發展將會是一劑強心針。現在幾乎所有的莫斯科媒體都在關注格魯吉亞所發生的遊行，儘管媒體都認為這只是自由派的內部鬥爭，但如果能夠先逼退薩卡什維利最好。

自蘇聯解體之後，美國利用十多年的時間，將東歐置於北約的保護框架之內。美出兵並佔領伊拉克之後，中東問題中的伊朗問題更加凸出。據俄羅斯相關專家介紹，在布希總統執政的後期，美國的軍事力量已經準備好並可以攻擊和全面佔領伊朗，並且在南亞和兩韓問題上，美國採取全面強硬政策。

俄羅斯遊行隊伍常有政府官員、東正教神職人員演講和神像。

金融危機發生之後，美國在國際上的地緣政治霸主地位全面倒退和削弱，但是由於這一局勢來的相當突然，並且出乎歐洲和日本、韓

國、印度等國家的意料，日本、韓國、印度這三個國家的戰略方向可調整的範圍相當有限。如果當初日本前首相小泉純一郎不採取脫亞入歐的政策，與中國友好並且共同決定區域局勢，東亞和南亞的格局就會產生根本性的變化。另外歐洲的德國如果當初能夠聯手法國讓歐盟有更多的作為，並且減少北約的軍事擴張，那麼現在法、德對於世界整的格局都會產生具有決定性的影響。在北約東擴的前提下，歐洲安全沒有得到保障，反倒是徹底破壞了歐洲和俄羅斯互信基礎。

孟買海軍基地。（圖片來源：GoogleEarth）

美國霸主地位受到削弱

這樣俄羅斯和中國的國際戰略調整的速度，決定了未來整體世界的格局。

　　由於俄羅斯經濟剛從蘇聯解體和震撼療法中緩過精神來，在美國地緣政治的全面擠壓下，俄羅斯分別喪失烏克蘭、格魯吉亞和吉爾吉斯三個盟友。

　　俄羅斯相關專家認為，俄這次直接的戰略擴張可能性不大，但可以加緊俄羅斯和獨聯體國家間的互動，如果在梅德韋傑夫任內有獨聯體國家宣佈加入俄羅斯聯邦，則會對梅德韋傑夫未來再次連任或者普京再次回鍋當總統產生相當大的有利因素。當今俄羅斯經濟基本上還是依靠出口能源為基礎，未來石油價格回歸一百美元以上的可能性並不大，在這種情況之下，2009年俄羅斯內部的共識就是，石油的價格不能夠低於四十五美元一桶，否則俄羅斯將會產生內亂，或者一些武裝、安全部門就會產生可以對外，主要是獨聯體國家，蠢蠢欲動的理由。

　　中國在面對美國地緣政治的壓迫時，選擇發展自身的經濟。中國的戰略更多的是應用在歐洲、非洲和南美洲，對東亞、東南亞的動作多數為悄悄進行。這基本屬於遠交近攻的外交思維的延續。在美國經濟危機的前提下，中國可在東南亞國家中再發展一兩個盟友。

　　俄羅斯的一些專家認為，在這次危機當中，美國用經濟復甦來鎖死中國的戰略思維，利用格魯吉亞小規模的遊行給俄羅斯帶來一些沒影的希望。在中俄忙於各取所需中，美國為自己贏得復甦的時間。

普京是民族主義者還是民主政治的奉行者，西方始終不明白。

　　大陸電視媒體還在尋找一些沒有陷入危機的公司來證明這次危機僅僅局限在經濟範圍內，而對於美國的戰略緊縮討論不多。對此，香港鳳凰衛視則有大量的節目在討論中國地緣政治擴張的各種可能性，但由於人員太少，很難產生大範圍的共鳴。在中國內部，由於很多國際關係的研究人員在原來的十年間所進行的研究，很多都是使用西方的研究基金，這使得中國在地緣政治擴張思維上舉步維艱。如果現在中國和俄羅斯不聯手共同行動的話，未來俄羅斯地緣政治的擴展大約就是在獨聯體國家，如果中國過了十年或者二十年的黃金發展期，中國如有危難的話，它的緩衝地帶在哪裡？就是說，像在奧運會前火炬傳遞中出現很多問題時，各國圍觀者多，希望解決和幫助的國家幾乎沒有。中國作為世界多極中的一級，必須及早確認戰略發展的格局。

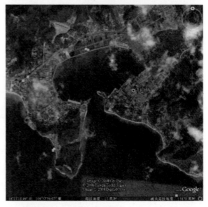

湛江海軍基地衛星圖像。（圖片來源：GoogleEarth）

中共海軍北海艦隊駐紮的青島市與青島軍港衛星空照圖。（圖片來源：GoogleEarth）

三亞正在成為中國主要的海軍基地。（圖片來源：中華網）

停靠在大連的瓦良格號。（圖片來源：GoogleEarth）

中國也需地緣政治拓展

　　本來中俄關係可以在這次危機中進一步發展，但雙方都存在一定的限制。首先問題出在俄羅斯方面，自蘇聯列寧以來，包括俄羅斯聯邦時期，其國家重要領導人中就沒有出現過中國通，這為中俄的深入交往帶來嚴重問題。俄羅斯的中國通主要來自遠東地區，因為遠東地區的中文研究領先其他地區，但這些人一直都不在領導核心，非常可惜。另外問題來自中國內部的基層官員。中國的基層官員有嚴重的反俄和瞧不起俄羅斯人的傾向，這在

俄羅斯外交部。

六十年代反蘇修的過程中得到加深。所以中俄聯盟問題總是，俄羅斯方面下熱上冷，中國方面上熱下冷，正好相反。

　　這次美國的金融危機百年間未有所見，直到現在為止，來自俄羅斯、中國、歐洲、巴西和印度等國家對美國的直接威脅還沒有產生，其中主要的原因並不是因為美國的軍事實力，而是美國在地緣政治擴張後，使得各個國家在採取任何措施前，都投鼠忌器。

中華文化發展將迎來重大機遇期

蘇聯模式是中國大陸最大的警惕，蘇聯宣傳部長認為那是一杯苦酒。

金融危機下的內外環境讓大陸媒體難再「一路向美」

中國的改革開放之後中國的新聞界一直以來都有左右之分，尤其是在報紙和網路上，這種觀點的對立，立場的角力一直以來都是大陸新聞界的一道風景，以《北京日報》、《烏有之鄉》為代表的左派言論和以《南方週末》、《南方都市報》為代表的右派言論雖然都在中宣部這同一個「婆婆」的嚴密管制之中，但是在新聞的理念以及價值的取向上卻有著一定的差別。

　　一直以來，以《南方週末》、《南方都市報》為代表的「偏右」型的媒體所堅持的新聞價值理念都是「一路向美」——堅持新聞本身的報導，最大限度的秉持著獨立、客觀、還原新聞本來面目的精神。在這種新聞價值取向的影響下，「偏右」報紙在人員的任用上，體制的管理上，發行的方式上，資金的來源上都有著更為市場化的一面，在經濟高速發展，紙質媒體在深度內容表達上依然「霸位難撼」的現實下，他們可以憑藉其辛辣的內容，資金的獨立（完全依靠廣告）依靠報攤的銷售便可以獲得豐富的盈利。

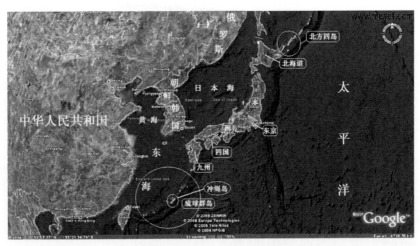

中日的對峙狀況。（圖片來源：GoogleEarth）

　　然而，始於美國的金融危機給美國傳媒業帶來的衝擊卻著實讓美國的傳媒業收到了史無前例的衝擊，報紙、電視自不必言，互聯網的廣告收入也是難有起色，美國的傳媒業在這場金融風暴中的「滑鐵盧」讓「言必稱美國」，「行必學美國」的中國大陸「偏右」媒體著實有了壓力與懷疑，在廣告收入下降，在金融危機下中共對於內容的

管控也越來越嚴,以及互聯網搶佔新聞市場的背景下,大陸媒體無論是從經營上還是從體制上都難以再「一路向美」。此外,大陸精英階層的迅速崛起以及數量的不斷增益讓更多的人開始有了獨立的思想以及對於事務好惡獨立的判斷,在這樣的背景下那些以「思想啟蒙」自詡的「偏右」媒體從「思想的領航者」變成了「知道分子」,光環的褪色也使這些媒體難以在用過去的方式來進行「勸說與說服」。

中國「市場派」遭遇現實考驗

在金融危機的衝擊下,中國的「市場派」(或者「自由派」)所遭遇到的尷尬與現實的考驗要更加的嚴峻。

自改革開放以來,由於大陸市場經濟行創造了大量的財富並改善了國民的生活,增強了中國的整體實力,主張「經濟上自由,政治上民主」的市場派一直都處在中國政治舞臺的焦點位置,雖然在1989年「六四」事件之後中國的「市場派」經受了一定的壓力,但是由於中國經濟發展的需要,市場派仍然保持著一定的政治主動以及優勢。1989年以後,中國的市場派雖然沒有能夠改變「一黨獨大」的政治體制,但是有關於「擴大黨內民主」「實行差額選舉」的聲音卻是在逐漸的提高。2005年之後,有關於普世價值、民主選舉的聲音再次在中共黨內升起。曾經在「六四」期間被打壓的中國的「市場派」大有平起平坐之勢。

一場金融危機的到來,使中國的市場派遭遇到了來自於現實的尷尬。眾所周知,中國的「市場派」的地位與政治籌碼都來源於中國經濟的快速發展,沒有了經濟,「市場派」就失去了和中共左派博弈的資本。經濟在則地位在,因此,金融危機下失業的增加,出口的下

降，投資的減少，經濟運行的不樂觀都直接威脅著中國市場派的地位。在這樣的情況下左派勢力借機打壓市場派更是對「市場派」在大陸政壇上的地位造成了嚴重的威脅。如中國社科院院長陳奎元在《北京日報》撰文批普世價值並不點名的批評國家領導人就是對於大陸市場派以及部分「新左派」人物的一次挑戰。

龍應臺先生對於臺灣發展的思維模式非常特別。

此外，中共出於經濟危機下維護政權的需要，一些「左」的措施也削弱了「市場派」在政治上的作為。如為了2009年這個「紀念年」的順利過渡，中共先後採取了一系列左的措施，如以淨化青少年上網的名義對互聯網進行了一系列的清理，（牛博網，豆瓣網都遭到了或關閉與整治，一些境外網站如亞洲週刊、BBC中文網、Youtube網站再次被封鎖）對一些政治異議或一些知識份子進行管制，對媒體的從業人員進行調整。此外，由於在全球金融危機的衝擊，中國由於市場的未完全開放以及權利的高度集中使從世界範圍看中國在金融海嘯中受到的衝擊較小的事實，使中共的對於維護現有體制更加有了底氣和信心，對於西方的資本主義民主更加投以批判的態度，在2009年全國人大會議報告中更是高調拋出了「兩個絕不」。

政局穩定給文化發展帶來空間

從中共執政的性格來說，其實不管是左派執政還是「市場派」發揮更為重要的作用，其所遵循的執政原則是討厭別人的針砭時弊以及指手畫腳，更加習慣於犯了錯誤自己糾正，有了問題自己改變的方式。這種黨的執政性格既和黨的領導人的性格對於中共的慣性影響有關，也和中共黨內集體領導，派系林立，不可多言，以免授人以柄有直接聯繫。但是從中共大陸執政的歷史來看，凡是有一派勢力在黨內佔有優勢的並可以穩固政局，並且外環境也相對寬鬆的時期（這裏的寬鬆指的是對於世界對於中國有求，並且暫時抓不到中共更新的把柄的情況下）必然是文化發展相對寬鬆的時期。按照這樣的邏輯進行分析，從中共大陸建政六十年到中共十八大召開中共新的領導集體形成這一時期將是文化發展的一個重要的戰略機遇期。這種判斷主要出於以下幾點：

首先，中國的政局基本穩定。在中央，隨著領導人的更迭，昔日的一些政治派別已經分光不再。未來的黨內勢力也尚未形成對現政局的實質性威脅力量。在地方上，統一的集團勢力更是佔據一大部分，隨著一些政治性極端事件的結束，一些官員也逐漸統一了思想，步調與中央取得一致。在軍界，隨著「中央軍委生活會」召開後的各大軍區司令員的調整，軍隊的思想也得到了高度的統一。

其次，中國知識精英的崛起以及社會保障的完善。隨著中國社會精英的增多，他們對於文化的需求以及社會表達的渴求都直接催化著目前大陸僵化的體制進行改變。越來越多的大學生開始演繹社會生產中的角色，他們一方面需要更有意義的文化的支撐，也需要更多的文化產品進行消費和宣洩。社會保障進一步完善也使更多的中國民眾開始在「倉廩實」之餘開始有了「知禮節」的需求。

　　第三，未來三年是中共的「政治安全期」。從2008年的奧運會至今，中共便一直是在一種如履薄冰的高度緊張中度過的，在2009年的上半年，更是幾乎每個月都要有一個警惕的主題（3月的達賴離藏50年，4月胡耀邦逝世20年，法輪功事件10周年，5月「五四運動」九十周年，六月「六四」事件二十周年）在這樣的一個時期，中共將所有的行動都看做是一種異動，當然這種非常態的高壓必然不是中共所願意做出的選擇，在這些「敏感區間」度過之後，中共必會選擇一種新的方式，最起碼是一種回歸常態的社會發展與維穩手段。而未來的三年則必然是一個最好的選擇區間。也是中共借機改變國際形象的最佳時期。

兩岸文化合作是必經之路

　　在中國文化發展的重要戰略機遇期內，借助什麼樣的根基和理念來實現其實是一個值得關注的問題，在中國的現代文化的發展過程中，西方文明的影響一直都如影隨形，中國傳統文化在中國現代文化一直都是在一個「順守」的態勢之上，隨著此次經濟危機的到來，中國文化的發展也應當從文化發展「言必稱西」的模式中解脫出來，從在地文化入手，從中國文化自身深處去需求發展的動力，而借助在地文化的發展，兩岸合作是必經之路。

兩岸在文化發展上需要攜手

　　自1949年兩岸對峙以來，雖然說兩岸在政治，經濟文化上選擇了不同的發展模式，但是在文化的聯繫上卻始終難以割裂。由於歷史，政治等方面的原因，在中華文化的發展上，兩岸彼此之間都有著對於

對方的需要。在大陸方面，由於中共在執政的前三十年期間的一系列政治運動是許多文化古蹟，文化傳統都以「封建主義殘餘」「迷信」「愚昧」的名義以「破四舊」的方式遭到了嚴重的破壞，傳統的道德倫理、觀念，世界觀也被進行了「去傳統」改造。如今大陸若想在文化上進行復興，將一些傳統恢復就不得不需要從中華傳統保持較好的臺灣來汲取養料。在臺灣方面，雖然當年國民黨撤退到島上帶來了大量的外來居民，文化精英，故宮珍玩，但是很多傳統的保持以及文化的進一步發展則需要從海峽對岸的大陸來獲得文化的參照以及根基的支撐。甚至包括故宮的文物在內也需要有大陸這樣一個歷史「情境」中得到歷史真實的進一步還原。

臺灣在地文化發展模式具有實際意義

在六、七十年代的臺灣，儘管當代藝術還不是主流，但是「西化」已經在當時臺北的年輕人中開始流行。他們最喜歡聽的是披頭四的流行歌曲，最喜歡看的是各種荒誕戲劇的劇本，模仿的是西方藝術大師們的思想和做法，最崇尚的也是一些光怪陸離的技術與形式，許多年輕的臺灣人在西方的現代文化裏面得到一種滿足，他們以一種好奇、衝動而有略帶有興奮的心態接受著「歐風美雨」從生活到精神的一切。但是中國人所獨有的東方氣質，讓這些崇尚西方的年輕人永遠都無法在精神上與西方真正的接軌。一面是令人嚮往但卻永遠不可能融入內心的西方情調，一面是根植心中卻在教化方式上與時代難以和諧的傳統文化，在這種痛苦的掙扎之中，一些年輕人開始在尊重傳統，發現本土魅力，尋求本土文化，東方文化現代表達上開始積極的探索。

　　隨著時間的演進，臺灣在地文化形成了其自身特有的發展模式，早在70年代，臺灣大學的建築學者夏築九、馬伊公開始為保護臺灣民間的鄉土建築奔相走告；在文學界，作家黃春明也拍攝了一部介紹臺灣本土文化的紀錄片《芬芳寶島》；黃永松、吳美雲創辦了民間文化雜誌《漢聲》，林懷民更是創建了今天享譽世界的《雲門舞集》。在新千年，臺灣的在地文化積極的和創意產業本身相結合，將流行元素與臺灣在地文化融合，產生了如《海角七號》這樣叫好叫座的文化產品。

　　臺灣在地文化的發展是一種政府資助，民間自發的形式，這種民間既可獲得資金又不受思想限制的「還發展於民間的模式」值得大陸去深思和學習。

兩岸接觸中「文經開花，政治結果」

　　1996年後的國民黨官員還沒有學會走出臺北以外，並且這些官員自認為臺灣已經完全轉型成為經濟高度發達的地區，臺灣的高科技產業就是臺灣經濟發展的一切，臺灣的人才基本上都能夠適應於全球化發展的需要，這種不看全部，只看臺北的狹隘視野，直到現在，馬英九總統仍然存在這樣的問題。民進黨在2000年執政之後，仍然沒有看出臺灣經濟發展的本質問題，在選票的考慮之下，應用之前國民黨的長期的意識形態教育的模式，把敵視大陸的意識形態換成了「臺獨」的意識形態，人們長期處於亢奮狀態，2004年的兩顆子彈，再次讓陳水扁連任成功。

　　國民黨最近在馬英九總統的領導下，已經開始意識到，國民黨走出臺北，到臺灣的廣闊天地中鍛煉的必要性，只是現在馬英九總統周邊的大老顧問太多，使得直到現在馬英九總統競選的實質精神還沒

看出來，倒是國民黨的這些大老們的身影，經常會在電視、廣播、報紙中閃現，這些人在臺灣南部基本上都是負面名詞的代表。另外，現在是臺灣再次融入到大中華經濟圈的最後一次機會，馬英九以在野黨的身份，在選舉中必須為臺灣的民眾、中小企業爭取切實的利益，當年，民進黨就那麼幾個人，就可以搞大規模的民主運動，以國民黨這樣一個大黨，在8年的在野期間，沒有為臺灣民眾謀得切實的好處，這也是不能想像的事實。

　　無論是輿論界討論「一國兩制」中的一國，還是兩制，總之香港和內地經濟綜合的速度正在加快，香港做為世界金融中心的地位不但沒有減弱，而且一直在加強。在之前的兩岸談判中，兩邊的共識就是「一個中國、各自表述」，其實無論共識是什麼，兩岸加速經濟整合才是關鍵問題。

　　現在臺灣最大的問題就在於，國民黨由於之前執政的原罪，在政策規劃上包括對於民意的掌控上，沒有任何魄力，而民進黨這是在兩岸的交流上則沒有充足的人才，尤其是最近幾年，民進黨內部能到大陸參訪的人屈指可數，這樣算來，陳水扁、謝長廷、呂秀蓮等人，還算是比較暸解大陸的民進黨人士。

　　走進大中華經濟圈，如果現在大陸展開和部分民進黨人士大規模的交往的話，可以有效的防止民進黨成為美國敢死隊的可能性，畢竟，美國不希望看到崛起的中國是不爭的事實，我們則更希望兩岸和平統一。

　　兩岸的問題必需要兩岸來解決，任何的第三者都會把好事變壞事，壞事變災難。如果在未來兩三年間，臺灣不啟動加入大中華經濟圈的步伐，臺灣是無法通過美國的經濟發展達到經濟的全面復蘇，臺灣的政黨，不論是國民黨還是民進黨都會被民眾和歷史唾棄。對於這一點，臺灣部分精英已經有所覺醒，但只是手中無權，回天乏力。

達賴喇嘛的文化創意產業

「達賴喇嘛的文化創意產業」一詞由達賴喇嘛西藏宗教基金會董事長達瓦才仁提出，達瓦才仁認為不管達賴喇嘛在五十年代做了什麼，現在的達賴喇嘛則已經把藏傳佛教傳向世界，如果那些流亡人員完全掌握藏傳佛教，那些流亡人士是否能夠回到西藏已經不會成為大問題。達瓦才仁認為，如果中國大陸是那麼強大，那麼為何需要大規模打壓西藏的佛教人士，對於西方媒體人來講，這是最好的素材，所以西方媒體人才會趨之若鶩。

達賴喇嘛西藏宗教基金會董事長達瓦才仁在和筆者交談近兩個小時後，筆者現將採訪材料全部整理出來，並加入國新辦《西藏民主改革五十年》白皮書和大陸、香港、新加坡和美國中文傳媒對於西藏的報導。在三者的對比中發現，達瓦才仁強調的更像文化創意產業，中國大陸的宣傳太專注於經濟變化，香港和美國中文傳媒則完全強調事件的對立性與獨特性。

十四世達賴喇嘛、十世班禪額爾德尼和中國國家領導人毛澤東、劉少奇等的合影。

圖左： 中國國家領導人毛澤東、劉少奇、周恩來與十四世達賴喇嘛、十世班禪額爾德尼的合影。

圖右：藏於民族文化宮的十四世達賴喇嘛敬獻毛澤東主席哈達。

第十四世達賴喇嘛為擁護協議事致毛澤東主席的電報。中國國家檔案局2008年4月7日公佈了中央檔案館所藏《第十四世達賴喇嘛為擁護協議事致毛澤東主席的電報》。電報中達賴喇嘛明確擁護《關於和平解放西藏辦法的協議》，並表示：要在毛主席及中央政府領導下，保護祖國領土主權的統一。

達賴喇嘛於1951年10月發給毛澤東主席的電報全文如下：人民政府毛主席：今年西藏地方政府特派全權代表噶倫阿沛等五人於1951年4月底抵達北京，與人民政府指定的全權代表進行和談。雙方代表在友好基礎上已於1951年5月23日簽訂了關於和平解放西藏辦法的協議。西藏地方政府及藏族僧俗人民一致擁護，並在毛主席及人民政府領導下積極協助人民解放軍進藏部隊鞏固國防，驅逐帝國主義勢力出西藏，保護祖國領土主權的統一，謹電奉聞。

十世班禪額爾德尼和十四世達賴喇嘛恢復和好關係。

　　達賴喇嘛西藏宗教基金會董事長達瓦才仁先生認為，很多來自達蘭薩拉的觀點其實中國大陸因為抵制的關係不聽，但美國人一般會尊重藏傳佛教，但不會聽他們到底在講什麼，這樣雙方的結果是都沒有在聽。

　　本題目在臺灣這樣出版非常發達自由的地方將來自達賴喇嘛的觀點和中國大陸的觀點全面展現，自然就會看出問題的癥結點。

　　達賴喇嘛和中國大陸一直都在說不同的事情，就是無論西藏過去出現什麼問題，現在的西藏始終存在受益的人群和不受益的人群，那麼如何解決人民中的思想和宗教問題才是問題的關鍵。達賴喇嘛始終強調宗教問題，中國大陸則始終在經濟問題上打轉，因為宗教問題不是大陸官員的強項，即使是有西藏的宗教代表，但水平還存在問題。

　　最後筆者將現在的的西藏現狀總結為：北京對於中國地方的發展的主要控制手段就是預算，其他國家皆然，但地方如何爭取預算的額度，則是相當大的學問。廣東靠出口加工型經濟爭取政策，上海靠金融中心，東北靠老工業基地，西部靠政策，中部靠崛起，北京靠政治核心，那麼不穩定的西藏，則更有利於西藏向北京爭取預算，但可惜的是西藏地方政府不能夠完全掌控不穩定的係數，就是說不穩定可能隨時升級變為暴亂。

　　另外，筆者發現，外國人認為流亡西藏的人士基本上是一些比較好利用的人群，這群人很容易上當，且這群人很願意上西方布下的陷阱，西方認為利用西藏問題可以更好的牽制中國的發展，可謂是本小利大、投資小見效快，這些都需要中國要重新考慮西藏問題解決的整體佈局。

　　按照這樣的思維，新聞辦《西藏民主改革五十年》的白皮書所說：達賴集團叛逃國外以後，西方反華勢力也從來沒有停止過對達賴集團「藏獨」分裂活動的慫恿、支持和訓練。這說明，所謂「西藏問

題」根本不是什麼民族問題、宗教問題和人權問題，而是西方反華勢
力企圖遏制中國、分裂中國、妖魔化中國的問題。

　　這是一個準確的思維，但我們還是在五十年代沒有抓住達賴，讓
他滑倒西方陣營，這是中國的損失。

出席第一界人民代表大會第一次會議的代表十四世達賴喇嘛和十世班禪，從西安
乘火車到北京。

香港《大公報》認為佛教的中國化就是禪宗的發展，和合文化成為代表。

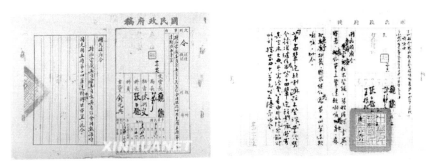

1938年國民政府特派蒙藏委員會主任吳忠信主持第十四世達賴喇嘛轉世事宜的令。

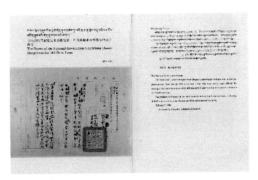

中華民國政府認定第十四世達賴喇嘛的命令。

筆者：在達賴喇嘛和中國大陸的談判中出現大西藏的問題，那麼大西藏是個什麼概念？產生原因是什麼？

達瓦才仁：大西藏其實根本是不存在的。蕃是西藏的一個自稱，而這些地區都包括在藏區這個範圍內，現在西藏的邊界是西藏噶廈政府和國民黨軍隊劃定的停戰線，當時的停戰期是一年，但是保留到現在。其實，西藏分為三個部分，一個是未藏人，（拉薩、日喀則那一帶），康巴人，然後是安多人，那麼未藏人當然都在西藏自治區以內，但是西藏自治區有三分之一是康巴人，但康巴人本來是一塊的，現在康巴人二十多萬人口劃在青海裏面，有十多萬康巴人劃在雲南，

還有一百多萬劃在四川，安多也是如此，劃在了三個地方，七八十萬左右劃在青海，四五十萬劃在甘肅，四五十萬劃在四川，所以它本來應該是一塊的，同樣是一個文化體，現在一定要被割裂的支離破碎，說白了就是分而治之。其實中共在十七條協議裏面，刻意強調班禪喇嘛的地位其實就是出於以夷制夷的策略。所以這都是一種很典型的殖民主義的統治方式，如果真的實現民族平等，就不應該實習這樣的政策，真正自治不是這樣，而是一種真正的政策，我們的自治其實應該指的是某一個團體或者某一個群體的特殊的利益，特殊的訴求，而這種特殊的利益訴求卻被無視，為了避免這些，就給你自治的權利以及相應的保護，這應當是一種強者保護弱者維護自己利益的一種最好和最有效的形式。分而治之的目的是什麼，是削弱弱者的利益。我們現在要求的是名副其實的自治，現在從來不存在西藏人保護自己利益的這樣一種機制，除了自治這個名稱以外，所以西藏人提出名副其實的自治是出於這一點。

達賴喇嘛西藏宗教基金會董事長達瓦才仁先生。

既然不是把西藏當成自己的殖民地，（中國大陸政府）就不應該對我們採取這樣的政策，所以我們要求整個藏人要有整個統一的行政管理，四川有9千萬人口，四川藏人只有100萬，並且生活條件習俗完全不一樣，大部分都生活在高山地區，而政策卻都是由盆地裏的人制

定，除非出現一個大青天（包青天），一個特別神通廣大的人，否則他不可能給四川的藏人特別制定這個特殊的政策，藏人的利益無法在這一地區得到尊重的。

2005年6月在中國瑞士大使館舉行第4次藏中會談。其中右排有洛地嘉日、格桑堅贊，左排有朱維群、斯塔。

　　大陸作家王力雄認為：西藏問題的解決首先應該是中國政府進行自我反省，以往實行的民族政策究竟出了什麼問題，為什麼投入那麼大力量，花費那麼多金錢，藏區的不滿和動盪不但沒有減少，反而在二十年後擴大了很多。如此明顯的失敗，說明一定是存在根本上的錯誤，才會導致這種適得其反。因此對當前而言，重要的是改變錯誤的民族政策，才可能走上解決西藏問題的正途。怕的就是不從自己方面找原因，而是堅持把責任推到「達賴集團有預謀、有組織的精心策劃」上。這種推卸可以使各級官員避免因為自身失職而受追究，因此是官員集團最希望形成的定論。他們會千方百計地把各種調查、處置往這個結論上引。然而若是沿著這種軌道走下去，一定會被當前的政治體制變成對藏人的新一輪高壓、清查和迫害。結果西藏問題不但得不到解決，反而會播下比以往更多的仇恨，積累更多的不滿，未來只要一有可能，就會以比今天還要大的規模和更猛烈的狀態爆發。

　　筆者：西藏的特殊利益是什麼？

　　達瓦才仁：比如說語言文字的保護，人權的保障，就像這次拉薩事件，一條街燒下來沒有燒一家藏人的商店，以前這些商店（1992年以前）大部分都是藏人的商店，現在卻100%都是漢人的商店，造成這樣的結果是因為藏人的利益從來沒有被保護和漠視，命運都是被新來的黨書記所掌握的。

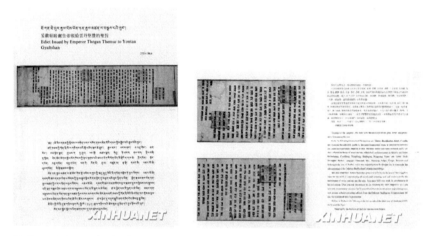

圖左：　元朝至正22年（西元1362年）妥歡帖睦耳皇帝委任雲丹堅贊為招討使的聖旨。（圖片來源：新華社）
圖右：　元朝至正22年（西元1362年）妥歡帖睦耳皇帝委任雲丹堅贊為招討使的聖旨。（圖片來源：新華社）

大西藏的範圍。

十四世達賴喇嘛丹增嘉措和他的父母（前坐）和他們家的僕人。

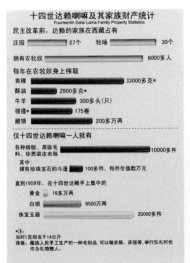
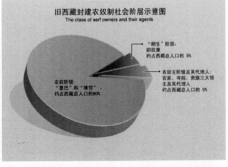

中國政府最喜歡公佈別人的財產來表示某人的腐敗，這通常來講沒有任何的意義。

筆者：那麼如果這些商店（藏人開的）要是慢慢開始有了呢？

達瓦才仁：不會有的，因為政策就擺在那裏，權力、經濟體系決定了西藏人永遠都是二等公民，永遠都不可能占上風，恢復到以藏人為主體的西藏。按道理來說應當是對藏人特別照顧的，但是現在顯然是沒有。

十四世達賴參加人民代表大會，並簽字報到。

媒體下的達賴喇嘛，其形象並不一定很和藹。

筆者：那麼現在雙方的談判按您表達的訴求來看，雙方已經站在的雙方都不能相互體諒和諒解的基礎上的，這是為什麼？那怎麼解釋中國大陸媒體所宣傳的農奴解放？

達瓦才仁：這不是體諒，因為西藏人的所有的權利和利益都被剝奪，什麼都不是西藏人的。全世界的殖民者都會這麼說，都是出於救世主的形象塑造的需要，他要是不把西藏妖魔化，怎麼可以顯示出他的成就。比如說他們說西藏最野蠻，但是西藏是這個世界上最和平和文明的地方，西藏沒有軍隊，殘酷對待人民的事情從來沒有發生過。

筆者：那麼記錄片中出現的西藏護衛隊這些怎麼理解？那些拿槍的士兵怎麼解釋？

達瓦才仁：沒有，從來沒有什麼護衛隊，西藏人每個人都有槍，就像現在的美國一樣，寺院都可以擁有槍枝，所以西藏的老百姓都可以擁有槍枝。

佛教在兩岸正在逐步恢復（圖片來源：鳳凰網）。

筆者：那什麼時候西藏個人開始擁有槍枝的？

達瓦才仁：那是英國人傳過來的，槍枝在西藏是一種公開出售的商品，但是非常貴，子彈也很貴，西藏的民眾很多都有槍，軍隊的建立是十三世達賴喇嘛建立的主要是為了防止外來的入侵，1904年的時候建立的，首先是清朝的軍隊，其次是國民黨的軍隊。是達賴逃亡印度回來後建立的。現在我們知道的麥克馬洪線就是這樣的結果，麥克馬洪答應把武器給西藏，然後劃了麥克馬洪線，當時是口頭協議，後來麥克馬洪寄來了地圖，後來西藏的夏紮簽了字，寄回去了。這就是現在的麥克馬洪線，西藏人同意了的，但是英國的下議院否決了這個，說不能給西藏槍枝，只給了幾萬隻槍，但是西藏有了槍之後就開始往東打，1908年雙方簽訂了《榮八茶協定》（音譯，為藏語），當時中國國民黨政府要求英國政府參與調停的並簽訂的。1930年，當地兩個寺院發生衝突，大金寺在地方很強勢，那個寺院就引來國民黨軍隊，雙方就交火了，當時國民黨的實力就很強了，青海方向的馬步芳軍隊贏了，這樣，長江以東的那些地方就都丟了，沿江對峙，後來簽了崗托協議（現在西藏的滿托線），然後雙方停戰了，這就是現在的邊界。

筆者：那麼在西藏這種反擊漢人的人群是不是存在？

達瓦才仁：這種情況其實一直都存在，這種人群其實在西藏自我統轄處也有存在，這是他們一種自主反抗的一種形式，這不能說他們野蠻落後，而是一個很自由的地方，官員貴族可以收稅但是不能太欺負。

筆者：那麼這些酷刑怎麼解釋，比如挖眼、割手。

達瓦才仁：首先西藏沒有死刑，我舉個例子，有的人是謀反的，那麼這個人就把你的眼睛挖掉，其實這恰恰是一種文明與仁慈，如果在漢人那裏這樣的重罪就要株連九族，殺無赦，但是在西藏除了將謀

反的人挖眼之外，其他的親屬都不會受牽連，只要換姓，還是可以一如既往。

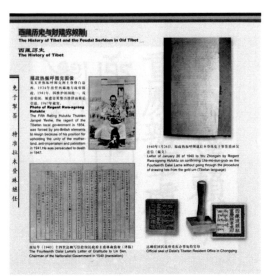

1951年10月24日十四世達賴喇嘛致電毛主席：……西藏地方政府及藏族僧、俗人民一致擁護（協議），並在毛主席及人民政府領導下，積極協助人民解放軍進藏部隊鞏固國防，驅逐帝國主義勢力出西藏，保護祖國領土主權的統一，謹電奉聞。

　　筆者：那麼平民的挖眼、砍手怎麼解釋？

　　達瓦才仁：那不是政府的行為，那是私人的處罰，是部落強勢的人，因為西藏沒有軍隊，所以當有問題時，百姓出於勞役三個月要當兵。那麼現在中共所提供的挖眼的照片中的人很多都是那曲人，是中共的眼線，當時是在1958年挖掉的。不會殺掉你的眼線，是沒有死刑存在的證明。

　　筆者：那麼是不是由於西藏的遊牧性質政府管理不到像中國政府一樣的細化到農村的地方呢？

達瓦才仁：不是這樣的，農民每個人都屬於自己的莊園部落，在部落的莊園裏老百姓的地是一樣的多，農民只要繳稅就不會有其他的事情就沒有了，一直都是相安無事的，在災荒年代會要求西藏政府免稅，但是要打官司。中文的資料裏面就有很多這樣的例子，比如農奴智慧的反抗農奴主的例子。另外西藏人都是會有逃亡的，比如我給你種這塊土地，我給你牛、羊、馬，等到你用完了就要把這些給交過來，但是你用掉了，吃掉了，那麼就會一走了之，只要翻過山到另一個莊園就沒有事情了，這樣莊園主就沒有辦法，莊園主也要繳稅，他無法繳稅就要想辦法，所

達賴喇嘛與印度宗教的互動頻繁。

以他們不可能對種地的不好的，也不會存在中國的一些家丁什麼的。比如山南專區，那個地方的總管或總督就會來辦公，他們還會有很多差民，也就是值差的老百姓，值差的原因是因為上繳的糧食很少，大

部分都是勞役，比如一個家庭給政府十個月的勞役，然後交100公斤的糧食，這其實就是我們家的情況，我們家每年都要有一個人出去勞動，給政府值差，12歲以上就可以去派差，派差其實你天數夠就行了，這個勞動力是非常低的，任何差都可以，比如敲鑼的。這些差役都是輪流的，夠了就可以走了，換下一個了。兵役也和這個類似。但是也有雇傭的情況，比如我家裏一個男丁，我就可以顧一個兒子去當差，費用由雇傭的人來出。西藏沒有軍差，都是召之即來的。貴族也是這樣，也要來當差，就是級別會高一些，做一些文職，但是必須要出人為政府做事，並且這些當差費用都是由自己來出的。

筆者：那就不會出現貪污啊這樣的情況麼？

達瓦才仁：不會的，這些差都是自己來出資的，而且土地等一些資源都是固定的不可能有變動的，所以不會有什麼這樣的機會。同樣西藏基本的建設都是沒有的，宗教的建設也都是募捐而來的，政府的工作就是收稅，收來的稅花在宗教上面。西藏政府90%的錢都是花在宗教上面。

筆者：我在一些資料上看到西藏人口40-50%都是僧人，都是男性並且不工作，那麼這個社會豈不是無法支撐的？

達瓦才仁：對，西藏的確有很多僧人和寺廟，這就是政府為什麼要收稅而且收來的稅用來補貼寺廟。到了十三世達賴喇嘛意識到需要搞一些建設，然後建立的藏醫院，接著規定所有的村莊都要派人來學醫，然後學完後就來當醫生你就不用當差並且免稅。

筆者：那麼就是說過去是一種穩定的循環，現在共產黨打破了這種循環。

達瓦才仁：不是，是說過去的那種循環是西藏人所樂於接受的，而現在共產黨建立起了一種新的循環，而這種循環是西藏人所不適應的並且是剝奪人的自由的。西藏人過去是很自由的，上完了稅就沒有

事情了，不用管你說什麼，也不用管你想什麼，現在共產黨卻不是這樣，他們並且還要收槍，而五十年代發生的那件事其實就是從收槍開始的，1956年康衢，這都是從合作化運動開始的，他的第一步就是沒收槍枝，一說沒收，藏人就不願意了。那時不叫沒收叫歸公。

筆者：以前不是說把地主的財產分給農奴？

達瓦才仁：沒有，不過你說地主財產分了沒有，確實是分了，比如生產工具，但是貴重財富卻都被中共拿走了。海綿、電子產品、手錶這些東西都沒有分，分配的都是一些低級的用品，分配這些主要是要讓人勞動，如果在分配的過程中積極份子表現好多拿一般不予追究，這就像是個二鬼子。

筆者：那麼現在大陸提出你們的藏區的要求不可能實現？

達瓦才仁：為什麼不可能，我就是想問個為什麼，現在漢族的地方那麼大可以，藏族為什麼不行，現在他們所採取的就是「非我族類，其心必異」！而且把西藏當成中國的殖民地而不是當成中國的一部分，或者他們對西藏沒有充分的自信，他們覺著西藏不會真正的效忠。

筆者：這個效忠怎麼理解？

達瓦才仁：這就說他們認為西藏的老百姓不會和他們一心，現在所有的遊行的都是老百姓，都是他們所說的翻身農奴，這翻身農奴其實本身就是中共的一種污蔑的說法，所謂的農奴其實都是一般的農民。他們的生活狀態比中國的農民要好，西藏從來沒有發生過餓死人的事情。

筆者：現在西藏在定性過去的西藏就是農奴社會，那麼這種在學術上是講的通的，因為任何一種社會都會有他的一種特色，社會的發展都會有他的一種演化。

達瓦才仁：農奴的制度西藏和俄羅斯是完全不一樣的，其實農奴就是共產主義馬克思主義的一種說法，離開了這一領域就沒有這個說法。這是馬克思主義的一種歸類，這並不表示真的有這種制度，西藏的社會制度有他的很多不如意的地方，但是他的制度比中國和印度要好很多，比較強調和諧，不主動侵犯他人。

筆者：那麼您覺著不如意的地方在什麼哪些地方？

達瓦才仁：比如法律，西藏的法律是一個比較薄弱的環節，尤其是法律對老百姓的保護。保護是靠鄰里間的守望相助，這就是為什麼出個快馬土匪會震動整個西藏，比如果洛（音譯）的土匪就可以搶劫二三十個地方，很有名。保護只可以靠部落自己，這樣一些小部落就要依靠一些大的部落以避免不被欺負。土匪也不會搶劫政府，因為政府也沒有軍隊也沒有錢，錢在寺院裏。所以說西藏的平衡是你防我、我防你的自我保護的平衡。朝聖的時候都是由部落武裝保護幾百人大規模的去，以防止不測的發生。外敵入侵一人就等於傷害了部落所有人，一榮俱榮的。

筆者：那麼是不是說五十年代前藏人的壓力不大，但是共產黨來了以後就不一樣了？

達瓦才仁：中共的干預藏人很不適應。共產黨人一定要把藏人納入到合作社裏面去，早上一吹哨你就出來勞動，不吹哨你就不能回去，這對於藏人來說就是完全沒有自由，從來沒有過的。糧食控制在共產黨手裏，自己吃什麼都無法決定。

筆者：五十年代的時候，達賴考察完大陸內地之後覺著西藏也需要建設，但是為什麼就沒有下文了？

達瓦才仁：這是因為達賴沒有權力，達賴五十年代建立了西藏改革委員會，官員不發土地了，改發成工資，土地收回。老百姓差役免了改發工資。

圖右：元朝政府設立的亦思麻兒甘軍民萬戶府的官印。（圖片來源：新華社）
圖中：清朝雍正皇帝頒給七世達賴喇嘛的金印。（圖片來源：新華社）
圖左：清朝雍正皇帝頒給七世達賴喇嘛的金印。（圖片來源：新華社）

達賴喇嘛在美國的互動情況。（This file handout photo taken 23 May, 2001 shows US President George W. Bush (R) welcoming the Dalai Lama (L) at the White House for a half-hour meeting. China called 16 October, 2007 on US President George W. Bush to cancel a planned meeting with the Dalai Lama, warning the encounter would seriously damage relations between the two world powers. This visit will be the first time a sitting US president will appear in public with the Dalai Lama, who Beijing accuses of working to achieve independence for his Himalayan homeland.）（圖片和英文內容來源：www.daylife.com）

薩科齊與達賴。（圖片來源：鳳凰網）

筆者：這不正符合中共的意思麼？

達瓦才仁：不符合。誰種歸誰所有，這樣貴族就什麼都沒有了。他習慣於過去的那種形式，因為貴族是最容易妥協的，他們只要保住自己的利益就OK，這樣的話一旦達賴的改革下去就會讓他們一無所有，所以，藏民起義幾乎沒有貴族，有的最多是部落的酋長，部落酋長是一個民間影響式的人物，雖然酋長是父子承襲，但是會有英雄式的人物出現。所以酋長會有參加，但是起義的絕大部分都是商人，因為他們見識廣，知道是怎麼回事，貴族是從頭到尾都跟中共合作的，最多也就是臺面上表示反抗一下。幾年前，有個記者想採訪一下藏人的貴族，我告訴他說你到北京和拉薩去，貴族都在那裏，達蘭薩拉是沒有的，以前和達賴出來的有一些貴族，但是這些貴族後來又都走掉了，海外和臺灣都有。所以流亡政府根本就沒有什麼貴族，有也只是只有一兩個，但是這也是憑藉選舉留在高層，不是因為自己的身份和血統就會當選。

筆者：那麼在達蘭薩拉也就是一個平民化的社會？

達瓦才仁：絕對平民化，我本人就是平民，而且是從西藏逃亡過來的，我在印度無親無故，現在發展的也不錯。

筆者：我們現在看到是僧侶越來越極端反抗。以前我們都知道臺灣問題是第一位的，現在好像看來像是西藏問題是第一位的，您如何看待現在這個現象？

達瓦才仁：這裏面首先是僧侶，西藏有個傳統叫做護教，西藏有句話叫：佛法弱遇敵人（或受到侵害）比丘也會馳馬，尼姑也會跨刀。從藏人角度講，佛法是至高無上的，佛教的滅亡就斷絕了你解脫、超度的路，從一個僧人的角度來講，他也就不可能轉世成佛，不可能得到解脫，他必須在一個有佛法的地方，不斷的去修行修行，最後得到解脫，所以佛法的滅亡就等於是斷絕了他們，永遠沒有那種解脫的機會。因為他轉世過來就沒有佛法了，佛法被消滅掉了他就會變成野蠻人。從藏人的角度來講，不信佛法的人就是野蠻人。所以說漢藏之間就有了很多的對立，漢人說藏人野蠻，藏人說漢人野蠻。當然這裏野蠻的定義也不一樣。西藏人的懶惰其實是來自於佛教的影響，努力不是沒有用，努力是造因，努力會有果，如果努力沒有用的話那是不信因果。只是藏人覺著這些事情不重要，這些東西都是無償的。人們會說瘦子和胖子一起翻山，意思就是說我們走到生命的盡頭的時候我們都一樣，你過得好，我過的差也不過就是那麼一段時間而已。一生五、六十年，有效期也就是那麼四、五十年，四、五十年你過的好，我過的爛一點，但是我們最終都會死去，現實的人生觀，這些藏人覺得沒有意思，也就是四、五十年有效嘛，四、五十年後不管怎樣都要放棄這一切，所以拼死拼活絞盡腦汁在這裏折騰真正的享受也就是那麼十幾年。

筆者：那我就繞回來了，那為什麼西藏問題會現在成為中國第一大問題？

清朝乾隆皇帝欽定的關於治理西藏事務的二十九條章程。（圖片來源：新華社）

　　達瓦才仁：因為現在中國的統治他適合統治那些世俗民族，中國傳統上沒有宗教信仰，即便是也是世俗的一種反映，求神拜佛是為了求財求子，而不是為了解脫。他其實還是世俗的一部分不是為了天堂地獄，而是為了今生今世過好，所以他們對宗教和信仰報著一種蔑視的態度，因此他自己不信。也正是因為這個原因漢人是最容易被統治的民族，因為他相信暴力。只要你是強勢的他就容易接受，日本人來了，幾百萬人都願意去當漢奸，幫日本人打中國，因為他覺著他是強勢的，他就是從世俗的角度，他沒有一種真正的一種價值觀。外國人都說中國是最講禮儀的地方，也是最會騙人的地方，禮儀都是外面的，不是一種信仰的高度，他只是道德的高度，道德的高度就是做的讓別人不知道就OK了。道德的程度最高就到這個程度，別人認為自己好就OK了，他不是信仰的高度。所以說他按照統治這樣人的一種模式去統治西藏人，那西藏人當然是不接受的，他不能放棄信仰，你可以給他一些好處他會很高興，但是你給他好處的同時讓他放棄信仰他就會不高興，所以他就來護教。

　　筆者：那您怎麼理解僧侶現在的行為不是大規模的而是個別的，大陸會給民眾宣傳，說僧侶的這些行為是受了某種指示，比如手機短信什麼的。那麼假設這個成立，那麼他們這些行為怎麼理解？

臺灣故宮門前講英語的藏傳佛教的喇嘛。

西方普遍採用的1959年事件的照片。（In this March 17, 1959 file photo, thousands of Tibetan women silently surround the Potala Palace, the main residence of the Dalai Lama, the Tibetan leader, to protest against Chinese rule and repression, on March 17, 1959, in Lhasa, Tibet. Hours later fighting broke out and the Dalai Lama was forced to flee to safety in India. Tibetans are about to mark the 50th anniversary of the failed March 10, 1959 uprising which led to the Dalai Lama fleeing to exile in India.）（圖片和英文內容來源：www.daylife.com）

　　達瓦才仁：2008年大陸媒體說有確鑿的證據證明達賴集團策劃煽動了這次事件，然後又說公安和武警沒有開槍，沒有動用暴力。但是所有這些都是假的。到現在為止中國政府沒有提供任何的證據，其實真的沒有證據，因為所有的媒體包括電話手機全部都是錄音，而且全部都是軍方的，在西藏那些都是軍方控制的。在軍方的控制下，其實他們知道沒有這些事情，軍方都會錄音，現代技術可以查到的，軍方都可以看到，而且不僅沒有這些事西藏政府（達賴政府）還一直規勸他們不要這樣，這樣會吃虧。所以中國政府非常的清楚不是這樣，所以很多的西藏人被活活的打死，前兩天媒體公佈了一個片子，一個藏

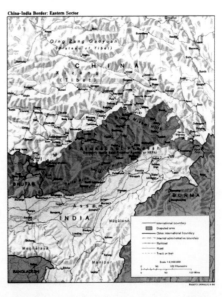

麥克馬洪線（英:McMahon Line）是一條由英國探險家為印度測量時劃的一條位於英屬印度和西藏的邊界。其走向起自不丹和西藏交界處，大致沿分水嶺和山脊線至雲南獨龍江東南的伊素拉希山口，將傳統上西藏當局享有管轄權、稅收權和放牧權的約9萬平方公里領土（這是傳統說法，但根據向量地圖的測量方法，這塊地方的面積大約是6.7萬平方公里）都劃進印度去。英屬印度政府和印度都聲稱這條邊界就是正式疆界。中國政府不承認該線。

人屁股全部被打爛，最後到醫院只能割下兩公斤的肉，然後在腳上釘釘子，類似這些酷刑都是中國軍人做的。而這樣的酷刑對待的都不是一個兩個，所有這些酷刑的使用都是讓他們承認他們是和境外的什麼什麼份子勾結。但是現在中國政府不管怎樣還是沒有找到一絲一毫的證據。所有煽動藏人反抗的都是武警戰士，人民解放軍和地方官員，是他們逼迫這些藏人這樣去做的。

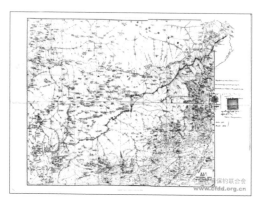

麥克馬洪線（1914年）彩色原圖。（圖片來源：中國民間保釣網站）

古印度曾經的領土，現在涵蓋巴基斯坦、孟加拉、印尼等國。

筆者：現在一些學者都認為達賴是一個外交家，而不像是一個宗教領袖，而且普遍印象都是達賴是有國外的資金支持，經常搞兩面手法，在西方是一套，在中國這面又是一套，您對這個怎麼解釋？

達瓦才仁：達賴喇嘛是不是一個外交家呢？達賴喇嘛經常會見一些人，但是北京政府肯定知道達賴喇嘛是不是外交家，他到北京是不是說服了一些人不要對西藏進行改革，達賴喇嘛是不是說服了中共的官員？顯然沒有。達賴喇嘛好像那個時候就已經不是外交家，至少不是一個好外交家。當達賴喇嘛帶著十萬藏人流亡到國外的時候，那十萬藏人是什麼樣的藏人？十萬農牧人，他們連電是什麼都不知道，即便貴族對於現代的產品也不知道。達賴喇嘛就是領著這樣一些人，按照共產黨的說法是：領著一群烏合之眾去欺騙全世界。達賴喇嘛從來沒有兩面，達賴喇嘛曾經說過我們把一隻手伸向西方，一隻手伸向中國，如果中國握住我們的手，我們會把手抽過來，否則我們不會把手抽過來，達賴喇嘛見了西藏人也會以一個宗教領袖的身份來跟你講話，他會用對方聽得懂的語言來和你接觸，但是達賴喇嘛始終說的都是一個問題，他的接觸方式會隨著變化。

筆者：那麼這裏面就會涉及到達賴喇嘛善於掌握立場的變化，見風使舵。

達瓦才仁：沒有，其實一直以來我是非常懶得去回應這些，很多說法我是從來都沒有回應過，為什麼沒有回應呢？如果中國政府要解決問題，達賴喇嘛再變他都會解決。如果他們不願意解決達賴喇嘛所提出的問題，不管說什麼，中國都會說達賴喇嘛在搞詭計，所以這個東西你根本沒有必要理他，因為達賴喇嘛就像天上的太陽一樣。

筆者：大陸在49年前還有一些宗教存在，49年以後自發性質的宗教就不存在了，那麼從佛學來講，解放以後達賴喇嘛似乎成了唯一在世的活佛了。

　　達瓦才仁：現在所有的活佛和西藏宗教的法脈現在都在國外，當人們提到藏傳佛教時，現在藏傳佛教在流亡中，絕對不在西藏，藏傳佛教的信徒在西藏，藏傳佛教的法脈都不在西藏，西藏現在就沒有一個高僧，雖然說各國都說有一些法脈，但是最高級的法脈現在都在印度，都在流亡中，這也是迫使許多西藏人逃亡的原因。現在在西藏唯一有法脈的是色達五明佛學院（音譯）。色達是西藏最荒涼的地方，那裏一個高僧，一個喇嘛收集了一些弟子開始講經。因為那裏真的有一些法脈，所以那裏集中了一萬多人。結果之前中國政府就發「善心」了，覺著發個洪水會全沖掉，（這是典型的平原思考方式，那裏肯本不會有洪水），所以中國政府就派了人民解放軍把幾千個房子全部推掉，把所有的僧人都趕走，因為他發現在一個窮鄉僻壤突然集中了這麼多人，其中還有1,000多個漢傳佛教的僧人，所以他把他們全部趕走。因為西藏已經沒有法脈了，西藏人只有去那個唯一還有法脈的地方學習，那裏高寒還要自己帶錢帶乾糧，後來中國摧毀了後再去，然後軍隊就守在外面，僧人就躲在山上去學，他以這樣的一種方式去傳承法脈。但這種法脈也只是一個單一的，全面完全的法脈，在西藏已經沒有了。

清朝乾隆皇帝冊封八世達賴喇嘛的玉冊與清朝乾隆皇帝賜予布達拉宮的御筆匾文。（圖片來源：新華社）

達賴喇嘛與其他宗教互動。（Tibet's exiled spiritual leader the Dalai Lama, center, asks for a cap before offering prayers at the Nizamuddin Chillan, a Sufi shrine, in New Delhi, India, Tuesday, March 31, 2009. On the 50th anniversary of his arrival into exile in India, the Dalai Lama offered prayers in different places of worship of different faiths for peace in India and the happiness of its people.）（圖片來源：www.daylife.com）

筆者：中國大陸對於結社的管理非常嚴格，那麼藏傳佛教在交流時，就會存在非常大問題。

達瓦才仁：對，藏傳佛教本身還有一個特點那就是非常注重彼此之間的探討、辯論，注重交流。比如佛祖是人還是神，這些問題永遠都辯論不完。我舉的例子就是說佛法的辯論沒有任何禁忌，對僧人來說佛就是佛祖嗎？是神嗎？但是即使這個你都可以辯論，沒有任何的禁忌，所以佛教對於科學沒有任何的排斥。佛教剛開始講究的是以戒為師，講究的是戒律，現在主要是南傳佛教，南傳佛教（緬甸、泰

國、斯里蘭卡等等）就非常講究戒律。後來佛教慢慢發展，發展他的哲學性，後來是北傳，漢傳佛教，那麼後來佛教再往經院哲學的方向，重視哲學，通過辯論通過學習變成經院哲學，然後這個時候佛教傳入西藏，這個時侯印度穆斯林就來了，佛教發展到這個深度停止了。所以南傳佛教接受的是佛教初期的，漢傳或者北傳佛教接受的是中期的，藏傳佛教接受的是晚期的而且是經院的，是純粹哲學的部分，所以說藏傳佛教裏面哲學的東西是最多的。也就是說印度佛教在發展到最高階段之後就被外來給消滅掉了，外力消滅後，現在的精華都在西藏保存了下來，然後現在西藏又把他發展了並發展到了極致，所以說藏傳佛教是佛教最高的境界。

筆者：那麼現在大陸就會認為西藏以前處於奴隸社會，另外藏人還不是很勤勞，是否藏人會覺得佛學上高於漢族本身，這是藏人的安慰嗎？

達瓦才仁：我要說的是，第一，西藏不是農奴制；第二，如果說西藏人勤勞的話，那麼西藏人其實是在宗教上是最勤勞最虔誠的。西藏人在宗教上的勤勞是世界上任何國家的人都無法比的。比如西藏人會幾千公里以外一步一磕頭的去拉薩，那這樣的事情不是一次兩次，而是家常便飯。因為藏人關心的是生命的終極意義，就是最終我會怎麼樣，而不是我這一生四、五十年會怎麼辦，在他們看來關心四、五十年是沒有意義的，這個不管你好和壞都會是這樣。就象我剛才說的一樣。

筆者：那麼現在的西藏人有這種趨勢麼？

達瓦才仁：現在就少了，因為我剛才已經說了法脈已經沒有了，所以就不會有人傳播出這些東西了。

筆者：那麼這種東西在西藏是會越來越式微呢？

印度噶倫堡，當時已成為国际反华势力图谋「西藏独立」的大本营。图为长期在印度噶伦堡从事分裂主义活动的夏格巴·旺秋德丹（左一）、吉普仁西（左三）和美国特务汤姆斯（左四）合影。

Ka'lunpong served as the "Tibet independence" headquarters of world anti-China forces at the time. The picture shows separation Shakabpa Wangchuk Deden (first left),Kyibuk Rinabd(third left) and American secret agent Thomas (fourth left).

1959年3月21日，拉萨三大寺及寺内叛乱武装向人民解放军投降，同时中国人民解放军各守点部队迅速解除了日喀则、亚东、江孜、协嘎尔、定日、黑河、噶尔昆沙各地藏军的武装。至此，拉萨叛乱全部平息。

On March 21, 1959, armed rebels in the three major monasteries in Tibet surrendered to PLA army. Meanwhile, PLA forces disarmed Tibetan armies in Xigare, Yadong, Gyangze, Shekar,Dingri, Nagchu and Gargunsa, putting an end to the Lhasa rebellion.

印度噶倫堡，當時已成為國際反華勢力圖謀「西藏獨立」的大本營。圖為長期在印度噶倫堡從事分裂主義活動的夏格巴·旺秋德丹（左一）、吉普仁西（左三）和美國特務湯姆斯（左四）合影。（圖片來源：http://info.tibet.cn）

1959年3月21日，拉薩三大寺及寺內叛亂武裝向人民解放軍投降。同時中國人民解放軍各守點部隊迅速解除了日喀則、亞東、江孜、協嘎爾、定日、黑河、噶爾昆沙各地藏軍的武裝。至此，拉薩叛亂全部平息。（圖片來源：http://info.tibet.cn）

图为束手就擒的叛乱匪首

束手就擒的叛亂匪首。（圖片來源：http://info.tibet.cn）

清朝道光皇帝為派遣官員掣簽坐床事給達賴喇嘛靈童的敕諭與清朝道光皇帝賜予門珠林寺的御筆匾文。（圖片來源：新華社）

1960年，四水六崗組織是主要的反抗組織，但看起來很像一些烏合之眾（圖片來源：鳳凰網）。

達瓦才仁：它現在在世界在生根發芽，在國外像西方或者臺灣他們對這個都是非常信仰的，也就是說藏傳佛教現在在變成一個世界性的宗教，而且他的一些傳承和法脈，他的一些僧人的結構正在更向世界性的方向發展，所以未來藏傳佛教不會僅僅是西藏，所以中國政府說要對藏傳佛教的僧人制度進行改革決定的時候，全世界都在笑啊，因為藏傳佛教不僅僅是西藏，整個蒙古都是藏傳佛教，俄羅斯也有那

麼多，整個喜馬拉雅山區有那麼多信徒，這些都要改嗎？改不了的。
所以能夠改變的只能是境內那些，而且是強制性的，在境內現在法脈
也沒有了。

筆者：現在共產黨最擔心的就是結社，但是宣揚佛教就會有結社
的現象。

達瓦才仁：但是佛教的結社並不影響你的統治啊，共產黨擔心結
社擔心的是影響他的統治利益，但是以前也動搖不了啊。

清朝同治皇帝賜給西藏箚什倫布寺的御筆匾文與清朝慈禧太后賜給十三世達賴喇
嘛的親筆畫。（圖片來源：新華社）

鄧小平在1979年會見達賴喇嘛的兄長嘉樂頓珠，據媒體報導，年逾80的嘉樂頓
珠，渴望回到西藏故鄉。

　　筆者：那麼像嘉樂頓珠先生六、七十年代接受CIA的支持，您對於這段歷史有一個什麼樣的認識呢？

　　達瓦才仁：這個就是周瑜打黃蓋——一個願打一個願挨，西藏裏面有一些人他們希望好好打仗，希望可以復仇，他們沒有武器，沒有訓練他們所有的虧都吃在這裏，所以他們希望有專門的訓練可以實現復仇的目的。而美國這時需要遏制中國，這樣美國也就願意提供一些。從西藏人的角度來講藏人會覺著美國是在幫我們，給我們槍，他們是感恩的。這時達賴其實是沒有辦法管的，達賴喇嘛要是去管就要去指出另外一條路，而這時達賴喇嘛是沒有什麼選擇的，現在他說不要尋求獨立，那麼達賴喇嘛就要給出另外一種選擇。現在藏青會就在扮演這樣的角色。

　　筆者：那麼您現在作為一個基金會很好的解釋了達拉薩拉遇到的一些問題啊，或者是西藏的問題，在兩岸三地的媒體都會覺著是您的片面之詞，那您對這個的反映是什麼態度？

　　達瓦才仁：我會覺著，一般認他們會這麼說，但是未必真的這麼想，中國的知識份子其實並不具有道義上的優勢，他並沒有真正的那種道德感。西方人因為有信仰那麼他就會在道義上有一些發自內心的尊重您的習慣，即便是他完全沒有興趣。這就是一種多元尊重的道德優勢。但是中國不是，中國就只會做一個表像，你必須要和我一致，不行就把你打到或者污蔑化。對於達賴喇嘛就是這樣。如果有一天中國的大的政治氣候變了，下面的知識份子也會改。我對中國的知識份子不報有任何的希望，但是有一些人不同意我的觀點，我的很多朋友還有西藏流亡政府一些人。他們認為知識份子是社會的良知，代表這個社會的良心，不是以上面的利益為原則，但是中國的知識份子剛好就是這樣，文化就是學而優則仕，學成的目的是為了給統治者效勞而不是給大眾效力，這都決定了知識份子不會給與大眾一種真正意義的

同情和良知上的支持，所以上面變的時候他就會100%配合。他會有建言，但是也是揣摩上意。中國的知識份子是特殊利益集團。

嘉樂頓珠先生年輕時。嘉樂頓珠畢業於國民黨南京中央政治學校。該校前身為1927年成立的國民黨中央黨務學校，是國民黨在訓政時期培養政治、經濟、外交人才的主要基地，1946年與中央幹部學校合併，改名為國立政治大學，1954年在臺灣複校。嘉樂頓珠在校期間學習政治與歷史，還拿到了蔣介石的獎學金補貼，並與其同學，漢族女孩朱丹結婚（資料來源：互動百科網站http://www.hudong.com/）。

筆者：三月份我個人判斷雖然會有一些零星的事件發生，但總體還會比較平靜。但是現在西藏問題突然間成了第一位的問題，那麼以後會怎麼發展呢？

達瓦才仁：現在看來只會是越來越嚴重。因為中國政府完全放任他的軍警，達賴喇嘛上次說西藏幾乎變成人間煉獄，就是指的這樣一種狀態。它完全放任軍警在西藏為所欲為，軍警開槍殺人等等所有這些都會受到嘉獎，而且對藏人的那些酷刑折磨和毆打完全是為所欲為，完全是叢林原則下的弱肉強食，完全沒有道義，沒有法律，雖然現在很多人不願意承認，但是現在真的是這樣一種狀態。在這樣的狀態下，不是三月平安，四月平安，五月平安的問題，而是沒有這些軍隊的高壓西藏怎麼辦的問題。因為沒有高壓人民就會反抗。問題是為什麼會有人民抗議就是因為高壓，所以現在西藏的局勢一直都是惡性

循環。現在這個事情正在向民族矛盾的發展，以前可不是這樣的。現在好像政府確實是在利用這種民族矛盾。

筆者：那麼現在西藏出現的這些問題是不是西藏自治區這邊想要得到中央的重視，然後獲得一些相應的好處。

達瓦才仁：中國政府的一些官員他們絕對是在這樣做，他們在虛張聲勢，以至於現在成了這樣一種狀態。他們為了表現自己的重要性，不知道往北京方面報導了多少恐怖方面的這些資料，同樣我們也知道，他們以前所控制的那些特務，他們不得不去編造一些情報。因為他們每個月都要交兩份情報，他們拿不到情報，而北京要的是要暴力活動的，所以他們就電腦合成比如西藏流亡政府安全部的檔，那裏面就詳細的規劃西藏流亡政府要展開殘酷的自殺式攻擊、爆炸等相關情況。

筆者：為什麼在西藏的抗議照片會慢慢的流出來到西方媒體？

達瓦才仁：這西藏人是冒的很大的風險的，但這都是西藏民族被壓迫所致。我們舉個例子，中國人對西藏人的不信任，我們知道熱地，他終其一生的一件事就是攻擊達賴喇嘛和歌唱黨，除了這些什麼事都沒有做。但即使這樣中國政府都不信任，他在七十年代的時候就是革委會副主任，就是副省級，但是一直到人大副委員長他還是副省級。而我們知道有個郭金龍，熱地當革委會副主任的時候他還只是四川的一個體育教師，但是熱地因為是藏人就到了極限了已經，所以他就上不去，到郭金龍到西藏當黨委副書記的時候，郭金龍排名第四，熱地排名第一已經很久，陳奎元已經調走了，熱地當時按照正常的邏輯肯定是要順接的，但是中共把郭金龍生生的提在了熱地的前面，這其實很明顯，從1997年召開第三次西藏工作會議以後縣委書記等等這些陸續都開始換，換成漢人，或者即使一定要用藏人他們也用那些漢藏混血的或者是不會說藏語的藏人。這都表現出對於西藏人的一種強

烈的不信任，這種不信任反過來就是日本人統治東北時給東北人的權
利都比現在漢人給藏人的要大很多。當然中國政府不會在西藏建立起
一支藏人的軍隊來幫他統治西藏，這都是因為他們對藏人的一種統治
的心態和不信任。除非他把你同化成漢族，否則他對於宗教就是永遠
的排斥，對於藏人永遠都是不信任，所以雙方衝突的是一種文化而不
是政治制度。所以達賴喇嘛的私人代表和中國政府談判時講的很清
楚，如果西藏問題解決了，中華人民共和國真正的實現了自治，自治
區黨委書記如果是藏人，一些官員如果是藏人，共產黨可以繼續統治
啊，藏語也一定要提高到同樣的水平，如果這些都實現了按照中華人
民共和國憲法真的實現了自治達賴喇嘛沒有任何要求，你讓他在國外
也可以，在北京也可以，在拉薩也可以，西藏流亡政府可以馬上關
門，流亡政府的工作人員從那一天開始沒有任何要求。在外的藏人如
果覺著會是一個麻煩他們可以歸在現在所在的國家，如果你覺著他們
在外面不舒服你可以讓他們回來，所有這些都不是問題。西藏人無所
求，我們要求的僅僅是一種可以接受的自由，可以接受的尊嚴。

　　筆者：其實就是說達賴喇嘛的要求一直都沒有變過，都是中共這
方面在不斷的激化。

很少看到的達賴喇嘛的形象。

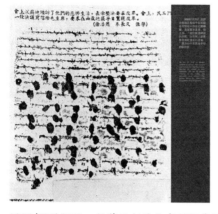

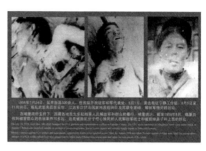

1956年7月25日，拉薩北部地方有65個農民聯名寫信給十四世達賴喇嘛，急迫要求改革。信上說：我們都是種地的農民，比任何人都更焦急地盼望著實行改革。圖為65個農民按手印的聯名信。（圖片來源：info.tibet.cn）

1956年7月24日，鹽井叛匪300余人，包圍鹽井我駐軍和軍代表處。8月1日，襲擊我駐寧靜工作組。8月5日至11月30日，叛亂武裝先後在妥壩、江達多次伏擊國家地質勘測隊及蘇聯專家組、解放軍物資轉運站。在噶廈政府支援下，西藏各地發生多起殘害人民解放軍和群眾的暴行。噶廈統計，截至1958年8月，噶廈共收到被害群眾的告狀案件70多起。這是被叛亂分子挖心致死的人民解放軍戰士和被割掉鼻子、上唇的群眾。（圖片來源：info.tibet.cn）

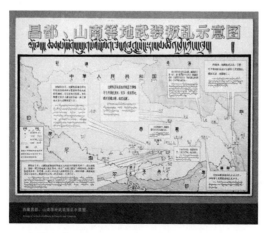

昌都、山南等地武裝叛亂示意圖。（圖片來源：info.tibet.cn）

達瓦才仁：是這樣的，比如說現在的自治區黨委書記，以前的達賴喇嘛的照片到處都有，你可以去拜他，但是92年後來就不允許拜，然後就開始攻擊達賴喇嘛，那就像是攻擊藏人的父親一樣啊。所以西藏人會有很多不滿。他們就是要把一切都消滅在他們所認為的萌芽狀態，學習藏語這些都是他們認為的不穩定因素。

筆者：我們都知道達賴喇嘛是格魯派，而格魯派也就只占到一半藏人左右，那怎麼現在就會激化到全藏人的呢？

達瓦才仁：這都是由於共產黨，我以前說過，西藏民族本來是一個有地方觀念、部族概念，部落觀念、宗教觀念的結合，但是沒有政治觀念，沒有主權觀念、國家觀念的這樣一個民族。是共產黨一步步的把西藏人的主權觀念、政治觀念、國家觀念給打出來了，同樣也是共產黨逼著西藏人走向世界，去跟那些世界的那些人聯繫。但當藏人向世界講述的時候並沒有很多人去相信西藏人，而且在上個世紀六十年代，很多西藏人的朋友都告訴達賴喇嘛西藏已經沒戲了，應該停止抗爭了，西藏人民已經不信任你了，西藏已經沒有宗教了，但是達賴對宗教總是充滿信心。

筆者：現在香港媒體很關心他的繼承人的問題，現在有很多說法，由法王來繼承，但是不是格魯派的法王，或者等轉世來了做繼承人，那麼您覺著會是怎樣？

達瓦才仁：現在香港那邊其實也是在炒作，他們把問題的焦點轉移，在轉移現在西藏的狀況的分析，這都是後面有一隻手在指揮。這些觀點貌似都是很獨立和獨特，但是都是有一些操縱感。不管怎麼說西藏未來都是要需要一個繼承的領袖，那麼現在西藏流亡政府憲章規定，未來要成立執政委員會，應該是由六七個人組成這麼一個機構，那麼這六七個人都包括哪些就很難說。因為比如說像噶瑪巴，你說他是貴族呢，但是他是法王。達賴喇嘛其實也是平民。那麼他以後會不

會在這裏面擔任某種角色很難
說，他作為一個西藏人，由於
他在人民中間有很高的威望，
他肯定要為未來的西藏要做一
些事情，但是會怎麼做那麼就
難說了。現在西藏的年輕人在
總結過去時，覺著西藏人的弱

故宮門前的法輪功練習者。

點源自於貴族的享樂和無能。貴族其實都不是壞人，不去殺人，但是
就貪圖享樂，他們占著那個位置不做事，所以說他們就是民族罪人。
並且他們還千方百計的壓制別人占那個位置。

　　筆者：就是說平民現在會一直跟隨達賴喇嘛，貴族可能就會有一
些變化？

　　達瓦才仁：確實是這樣，現在在北京、四川就有這些以前是貴族
的，西藏一旦出事，他們就出來充當中共的花瓶來攻擊達賴喇嘛，現
在跟隨達賴喇嘛的都是平民，貴族沒有。

　　筆者：那麼現在這種抵抗就會一直持續下去嗎？

2007年9月10日，市民手持轉經筒在拉薩街頭行走。當日中午12時左右，拉薩上空
出現日暈奇觀，太陽周圍有一道美麗的光環，並持續了三個多小時，引得路上行
人紛紛駐足觀望。

　　達瓦才仁：只要現在解放軍還是這樣的話，那麼這種抵抗就必然會一直持續下去。西藏民族從一個古老的民族變成現代民族，從一個地區觀念，部落觀念的民族變成現在這樣一個同仇敵愾，團結一致的民族，西藏民族在政治觀念從原來沒有這樣清晰過，西藏主權觀念也在提升。也許以前只知道有緬甸，印度這樣少數幾個國家，現在藏傳佛教已經發展到世界各地，所有這一切都是靠人民解放軍和中國共產黨的「英勇神威」。

國新辦《西藏民主改革五十年》

　　西藏自古以來就是中國不可分割的一部分。和平解放西藏、驅逐帝國主義侵略勢力出西藏，實行民主改革、廢除西藏政教合一的封建農奴制度，是近代以來中國人民反帝反封建的民族民主革命的重要組成部分，也是中華人民共和國成立後中國政府面臨的重大歷史任務。

圖左：　2008年3月9日，總書記胡錦濤參加十一屆人大二次會議西藏代表團的審議，胡錦濤同代表們親切交談。（圖片來源：香港大公報）

圖右：　2009年3月27日是西藏百萬農奴翻身解放紀念日，主席胡錦濤27日在北京民族文化宮參觀了「西藏民主改革50年展覽」。（圖片來源：香港大公報）

　　1959年之前的西藏是一個比歐洲中世紀還要黑暗、落後的政教合一的封建農奴制社會。十四世達賴喇嘛作為藏傳佛教格魯派首領，也是西藏地方政府首腦，集政教大權於一身，是西藏封建農奴主階級的總代表。占西藏總人口不足5％的農奴主佔有著西藏絕大部分生產資料，壟斷著西藏的物質精神財富，而占人口95％以上的農奴和奴隸沒有生產資料和人身自由，遭受著極其殘酷的壓迫和剝削，掙扎在極端貧困的

悲慘境地中，根本談不上做人的權利。長期政教合一的封建農奴制統治窒息了西藏社會的生機和活力，使西藏社會日益走向沒落和衰敗。

1951年，中央人民政府與西藏地方政府簽訂《關於和平解放西藏辦法的協議》（簡稱《十七條協議》），西藏擺脫了帝國主義侵略勢力的羈絆，實現和平解放，為西藏與全國一起實現共同進步與發展創造了基本前提。

《十七條協議》肯定了改革西藏社會制度的必要性，強調「西藏地方政府應自動進行改革」，但是，考慮到西藏的特殊情況，中央人民政府對改革採取了十分慎重的態度，以極大的耐心、寬容和誠意，勸說、等待西藏地方上層統治集團主動進行改革。但是，在帝國主義勢力策動支持下，西藏上層統治集團的一些人面對人民日益高漲的民主改革要求，根本反對改革，頑固堅持「長期不改，永遠不改」，企圖永遠保持政教合一的封建農奴制度，於1959年3月10日公開撕毀《十七條協議》，悍然發動了全面武裝叛亂。在這種情況下，為維護國家的統一和西藏人民的根本利益，中央人民政府與西藏人民一道堅決平息了武裝叛亂。與此同時，在西藏掀起了一場轟轟烈烈的群眾性民主改革運動，廢除了政教合一的封建農奴制度，解放了百萬農奴和奴隸，開創了西藏人民當家作主的新時代。這是西藏發展史上最廣泛、最深刻、最偉大的社會變革，是西藏社會發展和人權進步的劃時代的重大歷史事件，也是人類文明發展史和世界人權史上具有重大意義的巨大進步。

半個世紀以來，獲得解放的西藏各族人民在中央人民政府的關心和全國人民的支持下，以主人翁的姿態和空前的熱情投身建設新社會、創造新生活的偉大進程，創造了一個又一個西藏歷史上亙古未有的奇蹟。西藏的社會制度實現了跨越式發展，現代化建設日新月異、突飛猛進，社會面貌發生了翻天覆地的歷史性變化，人權事業取得了舉世矚目的重大進展。

圖左： 3月27日，政協主席賈慶林在無錫會見參加第二屆世界佛教論壇的中國大陸和港澳臺地區代表及外國代表。（圖片來源：香港大公報）

圖右： 2009年3月10日，法國執政黨人民運動聯盟副主席、巴黎市議員阿蘭·德斯特姆（右二）在巴黎市政府門前發表講話，譴責市政府每年3月10日懸掛藏獨旗幟雪山獅子旗的做法，認為此舉干涉了中國內政，傷害了中國人民的感情。（圖片來源：新華社）

張經武將軍。

羅布林卡宮殿。

　　今年是西藏實行民主改革50周年。回顧西藏實行民主改革這一波瀾壯闊的歷史進程和50年來西藏廣泛深刻的歷史巨變，揭示西藏社會發展的規律，用事實揭穿達賴集團在「西藏問題」上散佈的各種謊言和十四世達賴喇嘛的本來面目，有助於澄清歷史是非，讓世人更好地瞭解一個真實的西藏、發展變化的西藏。

舊西藏政教合一的封建農奴制社會

　　1959年民主改革前，西藏處於政教合一的封建農奴制統治之下，由官家、貴族和寺院上層僧侶三大領主組成的農奴主階級對廣大農奴和奴隸進行極其殘酷的政治壓迫和經濟剝削，西藏人民災難深重、生存維艱，西藏社會陷入極度貧窮落後和封閉萎縮的狀態。

政教合一的中世紀式社會形態

　　關於舊西藏的社會形態，1904年到過拉薩的英國隨軍記者艾德蒙‧坎德勒在《拉薩真面目》中有詳細的記載。他說：當時的西藏，人民還停留在中世紀的年代，不僅僅是在他們的政體、宗教方面，在他們的嚴厲懲罰、巫術、靈童轉世以及要經受烈火與沸油的折磨方面是如此，而且在他們日常生活的所有方面也都不例外。舊西藏社會制度的最顯著特徵是政教合一，宗教上層和寺廟勢力龐大，既是西藏的主要政治統治者，也是最大的農奴主之一，擁有眾多的政治、經濟特權，支配著人們的物質和精神生活。艾德蒙‧坎德勒在《拉薩真面目》中說：這個地方實行的是封建制度。喇嘛是太上皇，農民是他們的奴隸。強大的僧侶勢力掌管一切。即使是佛陀本人，沒有僧侶也無能為力。據統計，民主改革前，西藏共有寺廟2,676座，僧眾114,925人，其中大小活佛等上層僧侶約500人，掌握經濟實權的僧侶共4,000

餘人。當時西藏大約有四分之一的男子出家為僧。哲蚌、沙拉、甘丹三大寺僧人人數一度超過1.6萬人，共佔有莊園321個、土地14.7萬多克（1克相當於1畝）、牧場450個、牲畜11萬頭，佔有農牧奴6萬多人。宗教勢力在政教合一制度下得到惡性膨脹，消耗了西藏大量人力資源和絕大部分物質財富，禁錮著人們的思想，成為妨礙生產力發展的沉重枷鎖。20世紀20年代曾作為英國商務代表留駐拉薩多年的查理斯·貝爾在《十三世達賴喇嘛傳》中說，達賴喇嘛之所以能隨心所欲地進行賞罰，就在於他的政教合一地位，他既掌握著農奴今生的生殺予奪大權，又掌握著他們「來世」的命運，並以此作要脅。美國藏學家梅·戈爾斯坦深刻地指出：在西藏，社會和政府奠基於宗教目標與行為凌駕一切的價值系統之上。宗教的權力和特權及大寺院在阻撓進步方面扮演了主要角色。還說，宗教和寺院集團是「西藏社會進步的沉重桎梏」，正是由於全民族信教和宗教首領執掌政教大權這一因素，導致西藏喪失了適應不斷變化的環境和形勢的能力。

三大領主佔有絕大部分生產資料

舊西藏的全部耕地、牧場、森林、山川、河流、河灘以及大部分牲畜，都由約占人口5％的官家、貴族、寺廟上層僧侶三大領主及其代理人佔有。占西藏人口90％左右的「差巴」（領種份地，向農奴主支差役的人）、「堆窮」（意為冒煙的小戶）是農奴，他們沒有生產資料和人身自由，靠耕種份地維持生計。另有約5％的「朗生」是世代奴隸，被當成「會說話的工具」。據17世紀清朝初年統計，當時西藏約有耕地300萬克，其中30.9％為封建地方政府佔有，29.6％為貴族佔有，39.5％為寺院和上層僧侶佔有。此後，三大領主壟斷生產資料的狀況基本沒有改變。據統計，民主改革前，十四世達賴喇嘛家族在西

藏佔有27座莊園、30個牧場，擁有農牧奴6,000多人。每年在農奴身上榨取的青稞33,000多克（1克相當於14公斤），酥油2,500多克，藏銀200多萬兩，牛羊300頭，氆氇175卷。1959年，十四世達賴喇嘛本人手上有黃金16萬兩，白銀9,500萬兩，珠寶玉器2萬多件，有各種綢緞、珍貴裘皮衣服1萬多件，其中價值數萬元的鑲有珍珠寶石的斗篷100多件。

圖左：3月9日，十一屆人大二次會議在北京人民大會堂舉行第二次全體會議，西藏自治區黨委書記張慶黎與李肇星在開會前交談。（圖片來源：中新社）

圖右：3月8日，參加人大的西藏團代表參觀在北京民族宮舉辦的西藏民主改革50年大型展覽。西藏自治區人大常委會主任列確（前排左）、西藏自治區主席向巴平措（前排中）等參觀展覽。（圖片來源：中新社）

三大領主佔有農奴的人身

舊西藏地方政府規定，農奴只能固定在所屬領主的莊園土地上，不得擅自離開，絕對禁止逃亡。農奴世世代代依附領主，被束縛在莊園的土地上。凡是人力和畜力能種地的，一律得種差地，並支烏拉差役。農奴一旦喪失勞動能力，就被收回牲畜、農具、差地，淪落為奴隸。農奴主佔有農奴的人身，把農奴當作自己的私有財產支配，可隨意用於賭博、買賣、轉讓、贈送、抵債和交換。1943年，大貴族車門‧羅布旺傑把100名農奴賣給止貢地區噶珠康薩的僧官洛桑楚成，每

個農奴的價錢是60兩藏銀（15兩藏銀約合一塊銀元），另外，他還把400名農奴送給功德林寺，抵3,000品藏銀（1品約合50兩藏銀）債。農奴主掌握著農奴的生、死、婚、嫁大權。正如當時的民諺所說：生命雖由父母所生，身體卻為官家佔有。縱有生命和身體，卻沒有做主的權利。農奴的婚姻必須取得領主的同意，不同領主的農奴婚嫁要繳納「贖身費」。農奴生小孩要到領主那裏繳納出生稅，登記入冊，農奴的子女一出生就註定了終身為農奴的命運。

森嚴的等級制度

舊西藏通行了幾百年的《十三法典》和《十六法典》，將人分成三等九級，明確規定人們在法律上的地位不平等。《法典》規定：人分上中下三等，每一等人又分上中下三級。此上中下三等，系就其血統貴賤、職位高低而定。上等人是為數極少的大貴族、大活佛和高級官員；中等人是一般僧俗官員、下級軍官以及三大領主的代理人；下等人是占西藏總人口95％的農奴和奴隸。《法典》殺人賠償命價律中規定：人有等級之分，因此命價也有高低。上等上級的人如王子、大活佛，其命價為與其屍體等重的黃金；而下等下級的人如婦女、屠夫、獵戶、匠人等，其命價僅為草繩一根。西藏自治區檔案館保存的《不准收留鐵匠後裔的報告》記載：1953年，堆龍德慶縣一個鐵匠的後裔在十四世達賴喇嘛身邊做事。當十四世達賴喇嘛發現他是鐵匠的後代後立即將其趕走，並命令凡是出身金銀鐵匠、屠夫等家庭的人均是下等下級人，不能在政府裏做事，不能和其他等級家庭通婚。美國紐約州立大學藏學家譚‧戈倫夫在《現代西藏的誕生》中指出，人類平等是佛教教義中的一個要素。但是，不幸的是這未能阻止西藏人建立自己的等級制度。

殘酷的政治壓迫和刑罰

當時的西藏地方法典規定：農奴如果「觸犯」了三大領主的利益，按其情節不同挖其眼睛，削其腿肉，割舌，截手，推墜懸崖，拋入水中，或殺戮之，懲戒將來，以儆效尤。農奴向王宮喊冤，不合體統，應逮捕械擊之；不受主人約束者拘捕之；偵探主人要事者拘捕之；百姓碰撞官長者拘捕之。不同等級的人觸犯同一刑律，其量刑標準和處置方法也大不相同。當時西藏的法典規定：凡僕人反抗主人，而主人受傷較重的，要砍掉僕人手和腳；如果主人打傷僕人，醫療即可；如打傷活佛，則犯了重罪，要挖眼、剁腳、斷手或處以各種各樣的極刑。20世紀初到過拉薩的俄國人崔比科夫在《佛教香客在聖地西藏》一書中寫道：在拉薩，每天都可以看到因貪圖別人的財產而受到懲罰的人，他們被割掉了手指和鼻子，更多的是弄瞎了眼睛的、從事乞討的盲人。其次，西藏還習慣於讓罪犯終生脖套圓形小木枷，腳戴鐐銬，流放到邊遠地區和送給貴族或各宗長官為奴。最重的處罰自然是死刑，辦法是將人沉入河中淹死（在拉薩如此）或從懸崖上拋下去（在日喀則如此）。英國人大衛‧麥唐納在《西藏之寫真》中寫道，西藏最嚴重的刑罰為死刑，而喇嘛複造靈魂不能轉生之臆說，於是最重之死刑外，又加之以解體幹顱之慘狀。其最普通的刑法，凡遇死罪，將犯人縫於皮袋之內，而擲於河中，以俟其死而下沉，皮袋在河面之上，約5分鐘開始下降，後視其猶有生息，則再擲沉之，迨其已死，於是將其屍體由皮袋取出而肢解之，以四肢和軀體投之河中，隨流而去……斷肢之外，又有一種剜眼之凶刑，或用凹形之煨鐵，置於眼內，或用滾油，或開水，倒於眼內，均足使其眼球失去視力，然後將其眼球用鐵鉤攪出。

寺廟和貴族都有監獄或私牢，可以自備刑具，私設公堂，懲罰農奴和奴隸，甘丹寺就有許多手銬、腳鐐、棍棒和用來剜目、抽筋等殘酷的刑具。十四世達賴喇嘛的副

中國大陸出版的關於西藏的書籍。

經師赤江在德慶宗設立的私人寺廟管理機構赤江拉讓就曾經打死打傷農奴和貧苦僧人500多人，有121人被關進監獄，89人被流放，538人被逼迫當奴隸，1,025人被逼迫逃亡，有72人被拆散婚姻，484名婦女被強姦。

現存的20世紀50年代初西藏地方政府有關部門致熱布典頭目的一封信件內稱：為達賴喇嘛念經祝壽，下密院全體人員需要念忿怒十五施食回遮法。為切實完成此次佛事，需於當日拋食，急需濕腸一副、頭顱兩個、多種血、人皮一

搶救藏族史詩《格薩爾王》現在呼聲很高，首次將之翻譯成漢語的是任乃強。

整張，望立即送來。為達賴念經做法事要用人血、人頭骨和人皮，舊西藏政教合一封建農奴制度的殘忍和血腥由此可見一斑。

香港出版的有關於西藏的書籍。

臺灣出版的有關於西藏的書籍。

沉重的賦稅和烏拉剝削

農奴主對農奴剝削的主要形式是包括徭役、賦稅、地（畜）租在內的烏拉差役。僅西藏地方政府徵收的差稅就達200多種。農奴為地方政府和莊園領主所支的差，一般要占農奴戶勞動量的50％以上，有的

高達70％至80％。在封建莊園內，農奴主將土地分成兩個部分：一大部分相對肥沃的土地，留作莊園的自營地；另一部分貧瘠的、邊遠的土地則是以奴役性的條件分給農奴使用的份地，農奴為了使用份地，必須自帶農具、口糧，在莊園的自營地上進行無償勞動，剩餘的時間才能在自己的份地上勞動。在農忙或農奴主有事時，還要出人畜力無償地為農奴主搬運物資、修建房屋，或做其他雜役勞動。除了莊園內差外，農奴還得給西藏地方政府及其下屬機構支差，其中負擔最重的是運輸差，西藏地廣人稀，交通不便，各種物資的運輸全靠人背畜馱。

據民主改革前調查，屬於十四世達賴的攝政達紮的達隆絳莊園共有土地1,445克，全勞力和半勞力農奴81人，全年共支差21,266天，折合勞動量為67.3人全年服勞役，即83％的農奴全年無償地為農奴主支差服役。位於山南地區乃東縣雅礱河畔的克松莊園，是大貴族索康·旺清格勒的莊園之一。民主改革前，該莊園有農奴59戶302人，土地1,200克。每年莊園主索康及其代理人攤派的稅收18項、差役14項，占勞動日26,800天；西藏地方政府攤派的稅收9項，差役10項，占勞動日2,700多天；熱烏曲林寺攤派的稅收7項、差役3項，占勞動日900多天；平均每個勞動力每年要給三大領主服210多天的無償勞役，提供和繳納1,600多斤糧食、100兩藏銀。

驚人的高利貸盤剝

歷代達賴喇嘛設有專管自己放債的機構「孜布」和「孜窮」，把每年對達賴的部分「供養」收入作為高利貸放給群眾，牟取暴利。據1950年這兩個放債機構帳本的不完全記載，共放高利貸藏銀3,038,581兩，年收利息303,858兩。西藏各級地方政府設有為數不少的放債機構，放債、收息成為各級官員的行政職責。根據1959年的調查，拉薩哲蚌寺、沙拉寺、甘丹寺三大寺共放債糧45,451,644斤，年收利息

798,728斤；放藏銀57,105,895
兩，年收利息1,402,380兩。高利
貸盤剝的收入占三大寺總收入的
25％至30％。貴族絕大多數也放
高利貸，債息在其家庭收入中一
般要占15％至20％。農奴為了活
命不得不舉債，欠債的農奴占農
奴總戶數的90％以上。法國旅行
家亞歷山大·達維·尼爾在《古
老的西藏面對新生的中國》中
說：在西藏，所有農民都是終身
負債的農奴，在他們中間很難找
到一個已經還清了債務的人。農
奴所負的債務有新債、子孫債、
連保債、集體攤派債等等，其中

1939年，拉木登珠被宣佈為十四世達
賴喇嘛，然後他被帶去拉薩。

三分之一以上是祖祖輩輩欠下的、永遠還不清的子孫債。墨竹工卡縣
仁慶裏鄉農奴次仁貢布的祖父曾向沙拉寺借糧債50克，祖父、父親和
他三代人還利息達77年，共付利息糧3,000多克，可是債主說他還欠10
萬克糧食。東嘎宗農奴丹增1941年借了農奴主1克青稞，到1951年，農
奴主要他還600克。丹增還不起債，只得逃往他鄉，妻子被逼死，7歲
的兒子被抓去抵債。

社會停滯不前、瀕臨崩潰

　　政教合一的封建農奴制度的殘酷壓迫和剝削，嚴重窒息了社會
的生機和活力，使得西藏長期處於停滯狀態。直到20世紀中葉，西藏
社會仍然處於極度封閉落後的狀態，現代工商業和現代科技、教育、

文化、衛生事業幾乎是空白，農業生產長期採用原始的耕作方式，牧業生產基本採取自然遊牧方式，農牧品種單一退化，勞動工具得不到改進，生產力水平和整個社會的發展水平極其低下。廣大農奴饑寒交迫，生存維艱，因饑寒貧病而死者不計其數。拉薩、日喀則、昌都、那曲等城鎮中，乞丐成群，到處可見滿街要飯的老人、婦女和兒童。美國藏學家譚·戈倫夫指出，雖然有人聲稱1959年以前一般西藏人的生活中有喝不完的奶茶、大量的肉食和各種蔬菜，但是1940年對藏東地區的一項調查表明：38％的家庭從來沒有茶喝，51％的家庭吃不起酥油，75％的家庭有時不得不吃和牛骨頭一起煮的、與燕麥面或豆麵攪和在一起的野草。沒有證據證明西藏是一個烏托邦理想的世外桃源。

紀念西藏百萬農奴解放紀念日慶祝大會，28日上午10點在拉薩布達拉宮前廣場開始舉行。

中國大陸、香港和美國中文傳媒
對於達賴喇嘛的報導

中國：新聞辦《西藏民主改革五十年》

中國國務院新聞辦2009年3月2日發表《西藏民主改革五十年》白皮書。白皮書指出，達賴集團的分裂活動始終得到國外反華勢力的支持。這說明，所謂「西藏問題」根本不是什麼民族問題、宗教問題和人權問題，而是西方反華勢力企圖遏制中國、分裂中國、妖魔化中國的問題。

中新網報導，中國國務院新聞辦二日發表的《西藏民主改革五十年》白皮書指出，一九五九年，達賴集團發動分裂國家的武裝叛亂，就是在帝國主義勢力支援和策動下發生的，從一開始就得到國外反華勢力的支持。據西方某媒體一九七一年一月二十六日報導，一九五七年二月，某國情報機構在太平洋某島訓練了四水六崗叛亂分子。

從一九五六年到一九五七年，該情報機構先後遴選了一百七十多名叛亂分子到該國的「康巴遊擊隊員訓練基地」受訓。接受訓練後的數百名藏人被空投回西藏，隨身配備了手提機槍，脖子上還掛著裝有達賴相片的小金盒。該情報機構共訓練了二千名西藏人遊擊隊。一九五八年七月和一九五九年二月，該情報機構向「四水六崗」叛亂武裝進行了兩次武器空投，包括四百零三枝步槍、二十挺輕機槍和六十箱手榴彈，以及幾口袋印度盧比。

一九五八年十一月，該情報機構通過所謂麥克馬洪線以南印度佔領區，向山南叛軍運送了二百二十六馱武器裝備。次年一月，又通過

尼泊爾運入四十馱物資，經協噶爾運給山南叛亂武裝。該情報機構先後對康區叛軍進行了三十多次空投，投下的物資多達二百五十噸，包括近萬支M-1步槍、衝鋒槍等槍械以及輕便的五七無後坐力炮和高射機槍。

據另一西方媒體一九九九年八月十六日的文章說：一九五七年至一九六零年，西方某國給西藏遊擊隊空投了四百多噸物資。該國每年在西藏行動中共花費資金高達一百七十萬美元」。在達賴出逃途中，上述情報機構改裝一架飛機沿途空投物資，以無線電與叛亂武裝及附近各情報站聯絡，並將全部逃亡過程記錄在案。

香港一媒體一九七四年二月十一日的報導透露：據參與這次行動的人員說，達賴喇嘛離開他的首府是西方某情報機構策劃的。該國的間諜飛機曾飛入西藏數百英里，對達賴集團進行空中掩護，空投食品、地圖、收音機和金錢，還掃射中國的陣地，並為這次行動拍攝了影片。

白皮書說，達賴集團叛逃國外以後，西方反華勢力也從來沒有停止過對達賴集團「藏獨」分裂活動的慫恿、支持和訓練。這說明，所謂「西藏問題」根本不是什麼民族問題、宗教問題和人權問題，而是西方反華勢力企圖遏制中國、分裂中國、妖魔化中國的問題。

2009年3月23日，香港《蘋果報》報導，雖然中共在藏區投入7萬軍警重兵戒備，防範去年3月份拉薩僧侶上街遊行遭鎮壓事件重演，但過去三個月，藏人僧侶與軍警的暴力衝突不斷，甚至發生爆炸攻擊、搶劫軍營等極端事件，令外界憂慮藏區局勢。

2月27日，四川阿壩州格爾登寺24歲的僧侶紮白舉著藏獨雪山獅子旗上街示威，並當街自焚。總部在紐約的「自由西藏學生組織」消息稱，警方向他開槍，但官方否認開槍，並稱公安迅速撲滅了火焰，把他送院搶救，並引醫生稱，紮白身上只有燒傷無有槍傷。

　　3月8日，青海藏區果洛州森林公安在林場檢查站，截查當地村民的運木材卡車，車主與員警發生爭執，幾十村民聚集抗議，至次日凌晨才散去。但就在凌晨，林場場部一輛警車和一輛消防車被土制炸彈襲擊，兩車被炸毀，當局無指明兩事的是否相關，但有報導指是藏民報復所為。

　　同月16日凌晨，四川甘孜州巴塘縣鎮政府辦公樓被人投擲炸彈爆炸，雖無人受傷，但官方明指爆炸是恐怖分子所為。18日，《人民武警報》披露，警方早前在拉薩火車站繳獲一個裝滿TNT烈性炸藥的箱子，並「順藤摸瓜」打掉一個「危害西藏穩定的不法組織」。本月19日晚，重慶一座軍營哨兵遭槍擊，衝鋒槍和子彈被搶走，當局將之列為恐怖襲擊。有報導指，嫌犯可能是藏獨人士。

年輕時期的達賴喇嘛。

美國：中國政府與藏人就活佛轉世制度各執一詞

　　2009年3月10日，美國多維新聞網報導，中國政府與藏人就活佛轉世制度各執一詞。中國政府及持無神論思想的中國共產黨正在通過接管活佛轉世來控制西藏的宗教及政治生活，而轉世正是藏人宗教政治的核心所在。

　　北京方面這一舉動是其正在加緊進行的努力之一，那就是，為了防止西藏人出現騷亂，在西藏建立一個更符合北京設想的佛教體系。西藏曾在1959年的3月10日爆發抗議中國統治的起義，結果失敗，在本週二的五十周年紀念日到來前夕，藏人的不滿情緒再度升溫。

　　日前，中國西南某寺廟一場不尋常的儀式展示出中國政府處理轉世問題的新方法。一位省級高官站在一個三層朝拜大廳上，宣佈一位本地僧人是一位德高望重的西藏喇嘛的轉世。

圖左：2005年6月30日和7月1日兩天，中國有關部門負責人與達賴喇嘛私人代表
　　　在中國駐瑞士伯爾尼大使館舉行第四輪接觸。

圖右：拉頓德通目前通過郵件遙控全球分部的活動。

圖左：隨達賴出逃的民眾。

圖右：2008年4月9日，甘肅夏河縣拉葡楞寺多名僧侶趁境外媒體到訪，打出雪山
　　　獅子旗示威。（圖片來源：路透社）

　　此後，寺廟裏的所有宗教儀式才得以開始。這位名為次仁品初
（Celeng Pengchi）的僧人身著精美的刺繡袈裟，由本地高僧在500名
身穿紅色袈裟、不斷誦經的和尚面前被授予「活佛」的稱號。

　　統戰部官員Jiao Zai'an說，政府決定什麼樣的人可以被稱為轉世活
佛；他本人就負責次仁品初的確定工作。他說中央政府的批准是在轉
世問題上保持政治穩固的關鍵。

　　在西藏社會中，轉世的喇嘛佔有非常重要的地位，他們是藏傳佛
教教義執行的核心。他們在傳教活動中佔據主導地位，並為僧眾及寺
廟尋得財政支持。他們還能產生非常大的政治影響力。

　　現年73歲的達賴喇嘛是藏人的精神及政治領袖，位於所有據信是
轉世高僧的宗教和世俗領袖之首。他說，除非和中國政府就西藏自治
問題達成一個令人滿意的協議，否則他可能在中國境外轉世。西藏學
者表示，幾乎可以肯定的是，中國將把自己欽定的人指派為下任達賴
喇嘛，為教派的分裂埋下伏筆。

北京方面公開指責達賴喇嘛，稱其應對去年3月份拉薩騷亂後席捲西藏各地的動盪負責。中國政府稱，去年3月份的拉薩騷亂致使18名平民死亡。藏族激進團體說，在隨後發生的中國安全部隊和抗議者之間的衝突中，真正的死亡人數要比這多得多。僧人在組織和領導去年的反政府示威活動中扮演核心角色。

中國兩年前發佈的最新《藏傳佛教活佛轉世管理辦法》，成為了中國政府及達賴喇嘛以及其他流亡藏族領袖的爭論焦點。西藏流亡政府總理桑東仁波切（Samdhong Rinpoche）說，這個管理辦法是對西藏宗教傳統的粗暴干涉。據信桑東仁波切本人就是一位轉世的喇嘛。不過，北京方面對藏族僧侶的管治加強看起來也給了政府信心，使它允許康普等地的藏傳佛教寺院復興，只要這裏的僧眾聽話服管。

政府對轉世問題的審批流程包括對候選人及其家人背景的調查。Jiao Zai'an說，只有愛國、忠誠的轉世者才可能過關。Jiao是藏族人，他說自己並不相信佛教。新的管理辦法還規定，活佛轉世不受境外任何組織、個人的干涉和支配。這項規定直指自認為是活佛轉世正統決定者的西藏流亡政府。在藏文裏，那些據信是回來教導信徒的轉世活佛被稱為「化身」。在漢語裏，他們被稱為「活佛」。中國的一些西藏人使用「活佛」這個詞，不過其他很多人都認為這個稱謂不合適。

2008年底被授予活佛稱號的次仁品初說，獲得這個稱號對他的生活並沒有太大的改變。他每天依然是祈禱和學習佛經。然而，他被封為活佛卻改變了康普壽國寺的財運。這座寺廟俯瞰著流經西藏自治區鄰省雲南的瀾滄江。自50多年前上一任活佛圓寂以來，這座寺廟就一直沒有活佛。

現年30歲的次仁品初說，這座寺廟裏的佛教活動再次興盛起來。大量的捐款幫助寺廟修繕了主殿。如今，祈禱大廳裏滿是金燦燦的新

佛像，紅色鍍金的寶座和刺繡精製的錦旗。上世紀60年代文革期間，祈禱大廳被一掃而空。

現年20歲的僧侶Longdu Changzhang說，有位活佛對寺廟來說大有好處。早在封建王朝時期，中國政府就在努力影響西藏最高領袖的甄選，眼下的角力也是這個長篇故事中的最新一章。中國政府的介入程度時強時弱，取決於雙方的相對實力和關係的和緩程度。

1949年共產黨在大陸奪取政權後，對轉世活佛的承認實質上凍結了數十年之久。很多寺廟被解散，建築物被毀。不過從80年代末開始，對西藏地區的宗教政策出現了暫時的轉變，變得更加開放。

據中國大陸宗教事務局的資料，自1991年以來，政府已經批准了西藏地區近1,000位轉世活佛。學者們說，現在西藏地區轉世活佛的總數約為2,000位；與此相比，共產黨取得政權之前有3,000～4,000位。

1992年，北京與達賴喇嘛的關係曾一度出現緩和，雙方在一位重要的轉世活佛上達成了一致：17世噶瑪巴喇嘛（Karmapa Lama），他是噶舉派（Kagyu）最知名的轉世活佛。不過，在噶瑪巴喇嘛被授予活佛稱號後不久，雙方的關係再次惡化，有關另一位重要活佛——達賴喇嘛格魯派（Gelug）的第二號人物班禪喇嘛——人選上眾望已久的合作失敗。

1995年，達賴喇嘛承認一位西藏男童為1989年圓寂的班禪喇嘛的轉世靈童。不久之後，中國公安部門拘捕了這個孩子和他的家人。此後他們就沒有在公開場合露過面。北京方面支援另外一個西藏男孩堅贊諾布（Gyaincain Norbu）為班禪喇嘛。政府最近看起來已經開始了宣傳此前一直低調的班禪喇嘛的活動。這位喇嘛現年19歲。居民們說，雲南的寺院和商店被勒令為他修建寺廟。

1999年12月，噶瑪巴喇嘛逃離中國，他抱怨說有關部門阻撓他的宗教訓導活動。北京支持的班禪喇嘛仍在中國，目前為止尚未獲得太多的信眾。

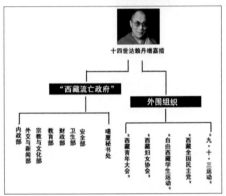

達賴喇嘛鬆散的組織結構。

新加坡：中共西藏策略清晰化

2009年3月30日，新加坡《聯合早報》發表記者葉鵬飛的報導，中共西藏策略清晰化。就在西藏首府拉薩舉行萬人參加的「西藏百萬農奴解放紀念日」同一天，中共栽培的第十一世班禪喇嘛在無錫召開的第二屆世界佛教論壇高調亮相，用英語發表演說，代表著中共正式對外表明其西藏策略的走向——停止與達賴喇嘛的接觸，改對話為對抗。

　　中共統戰部在去年與達賴私人代表接觸九次後，便戛然停止了對話。設立解放紀念日的決定、班禪的登臺以及官方藏人代表團訪問北美等一系列舉措，都意味著中共與達賴的博弈之勢發生主客易位，開始進入戰略反攻。

　　立場強硬的中共西藏一把手張慶黎，在拉薩的紀念大會上強調，當局會嚴厲打擊任何分裂活動，西藏也絕不可能回到達賴喇嘛所代表的政教合一的時代。

　　19歲的十一世班禪在無錫的英語演講，則是一場充滿政治意義的公關活動，他完全回避敏感的西藏問題，僅宣示中國是一個社會和諧穩定、宗教信仰自由、促進世界和平的國家。官方媒體形容他：已經承擔起了歷代班禪大師的重任。

　　西方媒體紛紛指出，這位能講英語的活佛，是中共準備在國際輿論上抗衡、甚至最終取代達賴的藏人領袖。

在大陸一定被封鎖的網站。

在論壇開幕的前一天，班禪在人民大會堂參加有中共領導人在場的座談會，就不點名地批評達賴：謀求極少數人的私利和個別人的權勢欲，並讚揚中共：毫不利己、專門利人的高尚情操以及「英明領導」解放西藏。

與班禪極富象徵意義的面世同時進行的，是由西藏自治區人大常委會副主任新雜‧單增曲紮活佛所率領的全國人大西藏代表團，密集訪問美國和加拿大，會見當地官員、議員、記者。官方媒體形容訪問是：用藏語告訴世界一個真實的西藏。

中共西藏策略的清晰化不排除與國際金融危機的大背景有一絲關聯。在西方世界集體自顧不暇之際，對西藏的關注勢必進一步邊緣化。希拉蕊不久前訪華時主動在人權議題上棄守，對北京是一個明顯的信號。

自去年拉薩314血腥騷亂以來，中國社會的表現反映了民間對當局西藏政策的絕對支持。在主流論述裏，西藏在全國支持下不斷發展，騷亂者因而都成為忘恩負義的叛徒。

民意的支撐使得中共可以放心實施強硬策略。張慶黎的演講沒有用強烈的措辭直接攻擊達賴，展現了中共源自內部的信心。

與此同時，中國外交自信的增強也擠壓了達賴的國際空間。南非近日便表示「珍視與中國的關係」，而拒讓達賴參加其境內的一個和平大會；金融危機可能也削弱了達賴財政上的國際資助。

相較於複雜棘手的接觸策略，戰略反攻有著敵我分明的單純性，操作更為簡易；然而也附帶不易估算的代價──西藏的北愛爾蘭化。

北愛和英國政府武裝纏鬥了近一個世紀，和平進程在2005年才開始，然而一個自稱為「真正愛爾蘭共和軍」的激進組織，近日發動血腥襲擊，顯示累積的怨恨很難化解。

　　達賴一旦因為吃了中共閉門羹，失去賴以維繫海外藏人的政治與外交影響力，有可能激化西藏形勢。西藏至今表面穩定，可是周邊藏區不時還會傳出衝突傳言。青海果洛藏區日前就報稱發生數百名高喊「西藏獨立」、「達賴喇嘛萬歲」的喇嘛衝擊派出所的事件。

　　西藏的局勢不會對中國的整體發展造成影響，可是極端化的局勢或能倒過來說明繁瑣的接觸策略的價值。

達賴與他的終身顧問，奧地利人海因希‧哈勒（Heinrich Harrer），此人1933年加入衝鋒隊，1938年加入納粹，在黨衛軍服役。（圖片來源：亮劍網www.toppk. net）

達賴與麻原彰晃。（圖片來源：亮劍網www.toppk.net）

Ivan Nikolaevich Kramskoi所畫沙漠中的耶穌（Christ in the desert, 1872）。

Ivan Nikolaevich Kramskoi所畫不知名貴婦（Portrait of an unknown woman, 1883）。

香港工會發展循序漸進
——專訪香港立法局議員李卓人先生

香港《大公報》李卓人議員自畫像。

筆者：香港作為大都市，是否存在真正意義上的工人呢？

李卓人：主要看怎麼定義工人，當然如果說是真正意義上的工人，人數就很少。如果將工人定義為受僱者，即僱主、僱員關係的話，據統計就會有300萬人。我們服務的對象就是這300萬人。也存在另外的形態，即僱主僱員的關係比較模糊的，他們可能是以散工的形式存在，每天都是不同僱主。雖然他們是散工，但是他們集中起來也需要工會的服務。他們需要在兩個方面服務：一方面是政府政策的宣導，另外一方面是他們工會集體和建築商去談判價錢，定一個統一的價錢。然後所有人都用這個價錢去工作。儘管他們沒有僱主，但是他們集體來講，也代表了一群人在香港，他們需要自助。同樣政府政策對他們有影響，他們也是要加入一個群體

現在國際上的工會也不只談雇主雇員，也開始談非正式、不固定的雇主關係。作為工會，我們對受雇形態的變動也要隨時保持回應，也要保護和組織非正式的產業。所以這也是我們所關注的團體。這兩類我們都有代表，但是最主要的還是雇主和雇員的關係。勞資關係是我們主要要做的。我們的理想就是集體談判，去解決勞資雙方的矛盾。這個集體談判在內地叫做集體協定。

名嘴大班與李卓人在香港浸會大學。

筆者：據您說香港有300多萬職工，這之中是不是也包含了一部分中產階級？要不然香港共八百多萬的人口中，有近一般都是工人了？

李卓人：這個統計是包括一部分中產階級在內的，如教師、公務員、社會福利機構等。不過這個群體主要還是較低收入的人群，如管理員、建築工人、清潔工人、送水工人等，我們的抗爭多存在這方面。中產階級也有抗爭，但是他們的抗爭主要針對政府，不是針對老闆。譬如說有些職工我們就很難動員，因為如銀行內部的管理非常嚴格，使得銀行職員的福利和買樓、低息貸款產生關聯性，如果銀行職員被解雇的話，生活和經濟壓力就會很大。

筆者：那麼香港工會的職責是什麼呢？

李卓人：保護工人！保護工人有兩個辦法。第一個是法律，如在立法局通過立法，設立最低工資。第二個方法就是集體談判。如果是法律的話，有個很大的困難。譬如說不可能有一部法律規定2009年所有人都加人工5%，全世界都沒有這個立法過程。為什麼沒有呢？因為每一個經濟體系都不可能給所有人增加同一個比例。如果那樣老闆們會說加人、工加這麼多的話，中小企業要關門。法律的限制就在於，它不可能對每天或每個月不斷變動的經濟環境進行具體的管制。在香港，我們經常要求給工人們多一點假期。雇主們反對這樣，認為成本會太貴。因此通過法律保護工人是很困難的，因為需要整個社會的同意和動員。而且通過長期的動員，另外還可以保障香港的民主進程順利進行。

所以就要採取另一種方法，也是全世界工會都用的方法，即每一個企業、每一個行業都去集體談判，根據那個企業的盈利狀態去決定你可以增加多少人工。我們怎麼去推動集體談判呢？坦白說，傳統工會的方法是什麼呢？就是罷工。

李卓人議員在街頭的行動成為香港泛民主派的行動指標。

筆者：我看香港這邊很少罷工，是否表示勞資雙方的糾紛不多？

李卓人：是很少，因此要做有效的罷工，必須保證有成果。譬如說2008年我們組織了三個很有名而且是成功的罷工。就是搬水的工人，他們要加傭金。12年來都沒有提高，所以很氣憤，來找我們。我們組織他們罷工，最後成功地增加了抽成。後來我們說下一步是組織工會爭取增加basic wage。最近我們底薪談判也成功了。這就是集體談判，即罷工－成立工會－談判。

有一個企業叫可口可樂，他們的工會十幾年來都沒有談判。現在我們成立了一個watsons的工會，屈臣氏很保守，反對工會，他們的問題是不承認工會。當罷工來到的時候，他們和職工盟談判。我們問他們：如果這個工會成立了，希望你和工會談判，給這個工會一個發展的空間，可不可以？他們認為：成立工會不可以，但公司可以和職工盟談判，不和工會談。但如果以後職工盟和工會一起和公司一起談，可不可以？他們也不同意。

另外公司的做法同樣很可笑，罷工的時候就談，不罷工的時候就不談。為什麼是這樣呢？因為公司整個集團都是反工會的。雖然管理階層明白如果不談判，罷工對他們不好。但是管理階層也是打工的，上面有壓力不可以承認工會。

香港和內地最大的不同在於，大陸成立工會的話，有很清楚的《工會法》、《勞動法》等法律。沃爾瑪在內地也要成立工會，不然就是違法。我對大陸的看法是這些法律很好，但是沒有獨立工會。我們要的是獨立工會，也希望大陸有獨立工會，而不是傳統的工會。傳統的工會是由共產黨領導的，依共產黨的政策來決定自己的立場。而獨立工會就是一定要站在工人那邊，不聽命於任何的政黨。大陸有很完善的法律，香港卻沒有。

筆者：香港整體的利益保護是資方市場，而內地是工人階級的，一開始制定法律的時候就是為維護工人利益的，目前內地的問題是不能夠有效執行。

李卓人：香港法律規定工人有抗爭、罷工的自由，老闆有解雇、裁員的自由。只有工人抗爭，我們才能拿到集體談判權，所以我們職工盟最大的挑戰是如何要工人們起來抗爭。我們和他們講，大家團結有力量，所以不用害怕。資方不敢解雇你，因為資方要生產，不容易找到這麼有經驗的工人，你有條件去挑戰資方。所以我們主要的困難和最大的挑戰是怎麼讓工人不怕資方解雇、針對和歧視，然後走出來說我要抗爭、罷工，要求資方承認工會。

因為有抗爭、有罷工才會有承認、有談判，才可以保護工人。最好的狀態是如果資方要解雇工人，要問工人同不同意、工會同不同意。資方要裁員、減薪、減福利，都要通過工會。但是香港沒有這樣的法律。《蘋果日報》最近剛宣佈要減薪3.5個百分點，有人問我怎麼看，我說《蘋果日報》的員工沒有工會，他們應該組織工會去抗爭。

筆者：據我所知，報紙一般都沒有賠錢，即使是在危機狀態下。我不知道他們為什麼要降薪，而且降的又不是很多，只有3點幾個百分點，你怎麼看待這個問題？他們為什麼一定要降呢？

李卓人：因為整個大經濟形勢對他們有利。他用這個藉口去減薪。而且這個減薪並不只是2009年減3.5%，而是2010年也減了3.5%的成本，這就變得對他們很有利。我對他們說不要這麼做，影響形象和員工士氣。他們堅持這麼做，是因為他們知道員工不敢抗爭。如果員工不抗爭，我也沒辦法。

如果存在可以抗爭的工會的話，老闆敢不敢挑戰我們呢？我認為不敢。如果他們敢的話，也要先通過工會，減少員工減薪的可能性。因為我們有力量，可以保護自己。如果老闆一定要減員工、減福利，

不然真的很困難的話，那把財務報表拿給我們看，我們也不一定不妥協的，最重要的是要有談判。美國的新聞工會也是這樣，他們現在不妥協是不可能的，因為他們知道已經到了關閉的地步。美國三大汽車集團的工會也一樣。如果他們不這樣做的話，就要倒閉了。所以我覺得勞資之間是可以談判的。

香港運水工人罷工。

在香港，資方實力很強，勞方很弱。職工盟會員有17萬，但是香港有300萬工人，也就是大部分人都沒有工會，所以我們要壯大我們的實力。要搞多一點工

在立法會玩象棋的李卓人。

會，搞多一點工人，這樣才可以和老闆談判。這也是我們一直做的，但是不容易。要找機會，找到一個可以抗爭的工人群體，組織他們去談判。如果說工聯會30萬會員，工盟和工聯會兩大工會真正能集體談判的事件很有限。很多工會，也包括我們的工會，走在一起不一定是和老闆集體談判，而是有兩種可能。第一種可能是走上法庭，用法律和司法制度來幫助工人。第二種可能是行業上有問題，我們幫他爭取。所有工會的人都可以幫助工人上法庭。因為香港有法律規定律師不可以去勞工法庭。

筆者：不准律師上勞工法庭，那就可以打平民官司了？就是說工會可以替工人辯護，資方不能請外面的專業律師，雙方在沒有律師的狀況下，可以直接在法庭解決問題。

李卓人：對。資方也不懂，我們有工會，他們沒有，這對我們有利。譬如說國泰航空假期問題的官司⋯⋯打平民官司對們工人是有利的。但是如果資方自己的員工是律師的話，是可以的，但是不可以請外面的律師，所以就變成勞資糾紛。第二是因為

行業有問題。他們要求爭取最低工資、福利。第三個可能就是集體談判。但是有些工會福利好，可以直接滿足職工的需要，但問題仍然沒有得到解決。

筆者：福利是否是工會追求的目標？

李卓人：工盟這邊的教師工會——教協也可以做到更多的福利。工聯會有很多錢，這是一個祕密。當然可以說是國內地給的，我們不知道是否真實。他們是親內地、親共產黨的。他們的會長是共產黨港

澳委員會的成員。1967年的暴動是他們發起的。因為那個時候要反殖民地，港英政府要鎮壓他們。最後失去支持，很多人去坐牢。所以有些人從監牢出來後就對內地很失望。但也有些人仍忠於內地，等到1997回歸之後，這些人就成為比較有地位的人了。香港很多組織都是這樣。比如香港NGO有兩類。一類是傾向內地政策的NGO，另一類是香港本地的NGO。

職工盟最大的弱點是沒有福利。職工盟的會費比工聯會貴一倍。所以我們的看法是組織工人去爭取。就算有民主的話，工人也需要工會保護。通常中產階級不一定支持工會，而且最後常常出賣工會。所以我們認為無論政治怎麼演變，都還是要有工會。

筆者：關於23條，當年遊行隊伍裏工會占很大一部分。現在23條已經在澳門通過了，23條對職工盟有什麼影響？未來香港會不會通過23條？

李卓人：我們一直都反對23條。這是我們和工聯會的不同。香港的核心價值是自由。這也包括大家對中國政府的看法。如果大陸沒有改善人權，而在香港立法23條的話，那國家安全和人權該怎麼劃分呢？我們認為是人權問題，你說是國家安全問題。那誰大呢？當然是你大了。由你來決定什麼是顛覆國家、煽動，那麼我們香港人的自由在哪里呢？包括我們支持中國異見分子的自由。他們有言論自由，我們也有言論自由。如果有國家安全法的話，會不會說我們支持內地同胞平反「六‧四」是煽動顛覆呢？大陸是不允許搞獨立工會的，如果有人在國內搞獨立工會，我們在香港支援他們，那我們會不會在香港被取締呢？所以為什麼我們要反對呢？這是一個原則問題，就是在香港，人們有自由去支持大陸的運動。講回來，我們主要問題就是工會怎麼動員民眾去認同我們的目標。

筆者：那您認為反對23條還是香港的主流？關於23條，香港最近兩年的威脅是不是一直在減少，經濟不好的時候一定提不出來。為什麼香港和澳門會截然不同，澳門好像沒什麼反應。

李卓人：澳門和香港很不同的。澳門不是公民社會。一九六七年的時候，本來是香港和澳門兩個城市同時暴動。但是結果澳門很快安定下來，香港不同，一直都港英政府和內地拼，中國共產黨最後放棄。英國政府的風格是給你自由，但是不給你民主。因為民主會影響他的特權。所以他不給你民主，只給你自由。但是你有自由之後，經過西方人權思想的洗禮，香港中產階級又那麼強大，而中產階級是非常重視法制、自由和人權的，因此我們在人權問題多做反應。但澳門不是這樣，他們的中產階級主要是公務員，然後普通老百姓、社團、報紙也都是宣傳支持內地的，所以他們本身都是比較保守。

我們喜歡媒體報導我們的抗爭故事，也在想怎麼用媒體來影響工人的思想。如果一個罷工成功了，那工人就會學怎麼罷工，所以我們經常希望通過媒體、行動使工人有那個思路、思維，即他們也要搞工會。當初我們最成功的時候就是2007年長達36天的軋鐵工人罷工。市民給我們捐了很多錢，媒體也一直有報導，甚至最後胡錦濤因此事詢問曾蔭權。工人們很開心，因為連國家主席都關注罷工。所以讓人覺得罷工是有力量的，能得到市民的同情。

其實我們真正的目的除了保障，還有是傳達一個資訊給香港市民，就是罷工是好的，罷工可以改善工人的形象，團結是有力量、成功的。我們儘量去宣傳這個，使工人們覺得罷工是行得通的。我覺得以前悲情是沒有用的，一味的宣傳工人們很慘，但是如果沒有成功的話，工人們就不會去罷工。要讓工人覺得罷工不是慘的，是有用的，鬥爭是可以改善的，是可以成功的。所以我們要多宣傳一點成功的例子，悲情對工會沒有用。

　　工人要學習罷工，但是要怎麼學習呢？就是靠經驗。如果工人聽到的都是某人罷工被炒魷魚，在他們經驗成長的過程中，從來都沒有成功的案例，那他就會怕。

1967年香港暴亂。

　　筆者：為什麼很少聽過臺灣有這樣的工會組織？我只從專業的新聞刊物上看到過中時職員罷工的問題，這幾年從電視上從來都看不到工會的新聞？

　　李卓人：臺灣有國民黨的工會，就是臺總。臺灣強大的工會都是產業工會。譬如說中華電信、臺鐵等，他們都擁有龐大的資產，政府擁有的國家企業，臺灣公會的抗爭是因為反對私營化。中國時報和桃園機場工會實力都很強。臺灣的問題是很多工會是假工會。比如職業工會，它是搞勞保的，不抗爭也有錢。鄭先生是搞勞工教育的前輩。

立法會議員李卓人評批評領匯做法枉顧社會責任。

臺灣除了假工會之外，產業工會只關注自己的產業。如果產業很穩定就不會有抗爭。臺灣最大的問題是，產業工會只關注自己產業，假工會（職業工會）搞勞保，沒有人找這麼多的沒有組織的工人。只有一些小的勞工團體，但是他們都沒有這個能力去組織外面的工人

還有可能在臺灣什麼都比較政治化。因為我職工盟有行動、有罷工，所以會有新聞。一個工會之所以稱之為工會，不是因為有政治新聞、口號就好，而是因為有實力。媒體對職工盟有興趣，是在於那裏有罷工。職工盟也知道，公會需要工人抗爭爭取權利。

香港職工盟網站。

筆者：按說香港人性格很溫順，為什麼在這個問題上很激烈？

李卓人：一點都不激烈。當然有很多成功的例子。不過不是每天發生，如果每天發生，我就成為香港最重要的人物了。但是現在我們仍然不成功，很失敗。

筆者：職工盟的目標總比政治議題更容易達成。有些政治議題比如直普選在未來10年或者20年也不見得能成功。職工盟的議題比較小，比較容易實現。

李卓人：有些議題永遠都不成功。比如直普選、集體談判法例等，我都沒成功。但是我要和會員講：長遠的目標我們要爭取，但是目前怎麼改善，我們時常需要一些成功的事情來振奮。我們不可以只講未來，不講現在。現在我們怎麼成功也是關鍵的，令人對組織有信心。

筆者：你的談話很專注於工會這個話題，而不是其他的政治議題。你講到如果23條到香港的話，您會非常激烈的反抗，這是不能妥協的底線。現在書店裏都還沒有書專門研究香港工會如何發展，如何在現有框架下職工盟是否可以增加一些功能，比如搞福利等。

李卓人：我們不反對有福利，但是不要讓這個福利成為工會最主要的活動。工會的主要活動應該是集體談判。當然有些工會說我們的會員很現實，需要福利。我認為給他福利沒問題，但是不要成為工會唯一和主要的目標。你是吸引他參加工會，教育他工會主要是搞勞資關係，找老闆拿福利。

香港《大公報》發表筆名為喬小橋的專欄文章《李卓人詐傻扮懵》

包括15名立法會議員及多名區議員的33名反對派人士，在炒作十來天後終於上演了一場澳門「闖關騷」。由闖關機會最低的「長毛」梁國雄打頭陣，搏佢被拒入境後，其他成功過關的人士即可以借機表演。先是在澳門碼頭外高舉橫額及高呼口號，繼而又到澳門政府總部

前集會，向澳門特首何厚鏵遞交請願信，抗議澳門政府選擇性容許港人入境。

即場表演完仍餘興未盡，回到香港再有「節目」跟尾。公民黨發起一人一電郵，向澳門政府出入境事務廳表達不滿，要求澳門立即撤銷入境「黑名單」。民主黨立法會議員張文光則要求特首曾蔭權與何厚鏵交涉，瞭解為何有5人被拒入境。反對派飯盒會召集人何秀蘭更誇張地建議，把周日的所謂「港澳交流」訂為反對派每年的定期活動。

職工盟立法會議員李卓人卻扮可憐，十分委屈地「申訴」說，他本人從沒有在澳門抗議、遊行或參與過罷工，不明白為何被拒入境。又說，過去一年多已先後三次被澳門拒絕入境，認為明顯是澳門政府想「封殺工運」，有關做法是敵視港人。李卓人的確有點「委屈」，因為他從沒有在澳門抗議、遊行或參與過罷工，就被拒入境了。不過，他無意中卻洩露了天機：過去一年多曾三次被澳門拒絕入境。李卓人不好賭不好玩，又無什麼親戚在澳門，如此頻密往澳門跑有何公幹？

「公幹」是有的。如08年12月20日，澳門回歸九周年，本港20多名反對派人士大張旗鼓跑到澳門，參加所謂反對二十三條立法遊行，其中包括李卓人等8名反對派立法會議員。澳門二十三條立法是澳門的內部事務，香港立法會議員有什麼權力去橫加干預，故他們理所當然地被澳門當局拒絕入境。

所以，李卓人之沒有在澳門抗議、遊行或參與過罷工，其實是「非不為也，實不能也」。好比一個賊被主人拒絕入屋而無法作案，但並不等於他不是賊，不等於他不想入屋偷竊。而無法作案改變不了賊性，故李卓人扮可憐也無人可憐。澳門為什麼不讓他入境，自己心知肚明，毋須詐傻扮懵。

　　澳門的賭場靠港人去捧場，當局哪裏敢敵視港人。如果是去澳門
耍樂的，當局一定視他們為上帝。不過，抱有大香港心態的反對派，
自以為有權力去澳門搞搞震，澳門當局亦同樣有權力不讓他們去搞搞
震。不僅澳門當局，澳門市民也抗拒香港反對派食過界。澳門回歸九
周年紀念日，在澳門碼頭入境大堂內「迎接」李卓人等香港反對派
的，有幾十名自發到場的澳門市民。他們高舉「反對外人插手澳門事
務」、「香港泛民議員無恥」等橫額，抗議香港李卓人之流過海來澳
搞搞震。

一般讀者很少能夠知道繁華的香港，除了混凝土外，也有天然美景。塔門
Grass Island，是香港的一個島嶼，地理上臨近西貢西郊野公園，行政區劃上屬於
大埔區，位於西貢東郊野公園的赤門海峽及大鵬灣之間的一個島嶼，鄰近西貢
半島，面積達1.69平方公里。塔門東端是以獅子滾球為著名的弓洲；南端是塔門
口，對面就是位於西貢半島的高流灣；西端和西南端分別是灣仔半島和大灘海。

Ivan Konstantinovich Aivazovsky所畫在Subashi港口著陸（Landing at Subashi）。

「新星」事件浮現俄遠東問題[1]

【《大公報》短評】俄羅斯遠東的檢察官說，開火命令是俄聯邦安全局下達的。在「新星」號問題上，中國需要給莫斯科當局時間，讓莫斯科直接調查遠東地區的官商勾結問題，這樣才能夠保障未來中國在遠東的利益。否則俄羅斯遠東就像老鼠屎，壞了中俄關係長期穩定的發展。

　　被俄邊防軍擊沉的「新星」號貨船屬於香港某航運公司所有，在塞拉里昂註冊。俄新社瞭解到，「新星」號此次是給俄羅斯濱海區運

---

[1] 本文發表於香港《大公報》，2009年3月3日。

送了一批大米。據透露，卸完貨後，收貨方拒絕接收該批大米並向法院起訴，同時要求扣押該貨船以彌補損失。之後，航運公司就給「新星」號船長下命令，要其立即返回。有消息說，公司已決定通過法律管道向俄方追索2,000萬元賠償。總體而言，這是廣東商人不瞭解俄羅斯形勢的結果。我們不但要

據報導擊沉中國貨輪的俄羅斯745型武裝拖船。

讓俄羅斯道歉，而且要教育我們的商人，寧可生意不做，不要為錢，搞國際糾紛。

視頻中疑似「新星」號的船隻遭到了炮火攻擊。

2009年3月4日，中國海軍特戰隊員在廣州號導彈驅逐艦上同中國大陸國旗合影。

隨海軍廣州號導彈驅逐艦赴巴基斯坦參加「和平-09」海上多國聯合軍演的海軍特
戰隊員在「廣州」艦上進行最後一次軍事演練。中國海軍特種作戰部隊將首次在
多國特戰部隊聯合演習的國際軍事舞臺上亮相。

俄遠東要負最大責任

在這次的沉船死人事件中有幾個現象非常值得注意。首先是這艘沉船運送的是大米。現今俄羅斯一直是糧食進口大國，2006年底俄羅斯農業監督局曾發佈命令，全面禁止外國大米進口，導致中國產大米更是漲達每公斤15.24元，因為俄羅斯產大米的口感也不如中國好，米質較軟，所以中國東北大米在俄羅斯整體口碑很好。大米不是俄羅斯人的主要食品，年消費量大米只有70多萬噸，但大量在俄羅斯的亞洲人則大量食用中國東北或者越南大米。俄羅斯每年從中國進口大米近18萬噸，遠東地區年需求大米15萬噸，其中大部分從中國的黑龍江省進口。2007年後，遠東地區消費的大米從俄中西部調入，其運輸成本增加，價格遠高於從中國東北進口大米，俄羅斯大米市場存在巨大的利潤空間。因此，這項不涉及遠東民眾日常生活的大米，則成為官商勾結，打擊進口商的最佳武器。

這樣就涉及到第二個問題，俄羅斯莫斯科地區和遠東地區的利益區隔，就是說在俄羅斯經濟整體發展過程中，俄羅斯遠東地區始終不是一個受益者，俄羅斯遠東地區是俄羅斯面向亞太的戰略橋頭堡，對俄羅斯在亞太地區的軍事、政治、經濟具有重要的影響。普京執政後，加強了對俄羅斯各聯邦區的控制，遠東地區經濟進入了新的發展階段。

但問題的關鍵點在於，遠東在開發的過程中，很多的政策並沒有得到來自莫斯科方面的支持，其中最主要的原因在於莫斯科一直將遠東定位為軍事戰略區，這是遠東地區和新西伯利亞地區以及烏拉爾山地區最大的區隔。新西伯利亞地區是俄羅斯的能源提供和加工地區，烏拉爾山地區則為俄羅斯的工業區，也是俄羅斯對抗西方國家的戰略後方。

圖左：　Aleksey Antropov所畫葉卡捷琳娜二世（Portrait of Catherine II, Oil, Canvass, Tver Art Gallery）。

圖右：　Ivan Argunov所畫葉卡捷琳娜二世（Portrait of Catherine II. 1762，Холст, масло. 245x176 см, State Russian Museum）

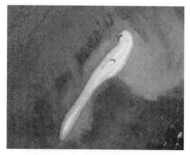

中國大陸和東南亞存在領土糾葛。被菲律賓侵佔的南沙西月島和南沙費信島，該島為南沙群島中的第三大島。《國際先驅導報》特約軍事觀察員海韜2月17日，菲律賓國會通過「領海基線法案」，將黃岩島和南沙群島部分島礁劃為菲律賓領土，中國南海主權遭到進一步蠶食。

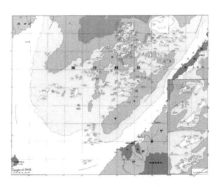

中國南沙群島地圖，其中一部分為東南亞國家佔領。

圖左：菲律賓立法正式吞併中國9島礁。資料圖：中沙黃岩島
圖右：中國大陸海軍驅護艦編隊

中國大陸和美國存在糾葛

　　中美再爆類似2001年南海撞機風波的爭議。美國國防發表聲明，聲稱5艘中國船舶周日在海南島以南跟蹤及以「非常危險」的距離，在「國際水域」挑釁美國一艘偵察艦，美方已就事件向中國提出抗議。2001年中美撞機風波，正是由於美國的偵察機逼近海南島企圖搜集情報，招來中方攔截。暫未清楚中方船隻當時是否企圖逐走美軍偵察艦。

　　事發於中國南海水域，距離海南島僅約120公里。美方聲稱，一艘中國情報船以及其他4艘船，包圍了美國海洋偵察艦「完美」號。美國聲稱，「完美」號當時沒有攜帶武器，船上載有平民商人海員，當時正在「國際水域」從事海洋調查。2001年中美撞機風波中，美方也堅稱他們的偵察機當時是在國際領空。

美艦射水中國船拋木

　　美國國防部發表聲明說：「（當時）中國船隻包圍　『完美』號，其中兩艘逼近至16米，船員揮動中國國旗，並要求『完美』號離開」。美方稱，「完美」號當時曾用消防喉向1艘中國船隻噴水，企圖「趕開」它，但儘管水力很大，中國船員脫剩內衣後，仍繼續緊逼美艦，雙方一度在8米範圍以內。

　　美方稱，「完美」號隨即用無線電向中國船隻稱準備離開，並要求船隻讓出一條安全通道，但兩艘中國船隻卻趕在「完美」號前面停下來，並在「完美」號前方拋下木條，「完美」號為免相撞，緊急煞停。「完美」號是美國海軍6艘海洋偵測船隻之一，主要利用水底音波探測器來偵測及追蹤潛艇等海底威脅。

美偵測船專追蹤潛艇

　　美方表示已向中國軍方提出抗議。國防部發言人稱，中國船隻「不專業的行徑」，違反了國際法有關保障海洋其他合法使用者的安全及權利。國防部發言人聲言：「我們希望中國船隻能以負責任的方式行事，不要再做出可能導致誤判或海上碰撞的挑釁行為，以免危及船舶以及中美水手的生命」。美方還揚言，中國船隻在該水域的行為

近日「愈來愈侵略性」。（今次事件正值中美剛恢復因美國對臺售武
而中斷5個月的軍事磋商；中國外長楊潔篪亦計畫在本周訪問華盛頓並
會見美國官員。就像上次中美撞機風波那樣，今次事件也是發生在美
國新總統就職之初。

2001年4月，美國偵察機在南海上空撞落中國殲8戰機，導致中方
飛行員王偉失蹤，偵察機最後被迫降落海南島。

中國抨擊美國偵察機撞落中方軍機，要求美方道歉，但美國當時
堅稱是中方軍機「危險鹵莽飛行」。事件僅持約1個月，最後華府僅說
了一句「sorry」了事。

2008年2月6日，在俄羅斯首都莫斯科，俄羅斯總理普京（右）與到訪的歐盟委員
會主席巴羅佐一同出席新聞發佈會。當天，巴羅佐和普京在會談後舉行的聯合新
聞發佈會上就有關人權問題發生爭論。巴羅佐說近期在莫斯科發生人權律師被打
死事件，引起歐盟擔憂。這番講話使一旁的普京面露慍色並插話反駁。普京說，
有關俄羅斯的人權問題可以討論，但歐盟有必要先審視歐盟境內違反人權的現
象，比如巴爾幹地區國家中俄羅斯族裔的不公遭遇。

巴羅佐和普京在會談後舉行的聯合新聞發佈會上就有關人權問題發生爭論。

巴羅佐當日表示，歐盟暫時不打算為建設「南溪」和「北溪」天然氣管道提供資金支持。（圖片來源：新華社／俄羅斯新聞社）

對俄羅斯需更多瞭解

俄羅斯遠東地區的領導趨炎附勢，對於來自日本和韓國的資金大行方便之門，在2000年後，對於來自中國的資金也非常渴望，這些間接形成貪污的來源。俄羅斯遠東自己造成的問題，使得莫斯科方面對此長期非常不諒解。比如，在中俄的黑瞎子島的談判中，遠東地區就製造了很多問題，給莫斯科和北京方面帶來了很大的麻煩。

最後，中方的問題就在於船務公司對於俄羅斯國家環境的不熟悉。在事件的解決過程中，非常不冷靜，當然被扣留船上的大米如果在密封艙內擱置的時間過久就會變黴，並使用了中國南方人最擅長的走的策略，這是廣東地區商人長期不瞭解俄羅斯形勢的最終結果。

日前，《大公報》記者黃裕勇在發自廣州的報導中指出，「新星」號被俄艦擊沉事件再次動搖中國商人進軍俄羅斯市場信心，加上俄人的不友善，華商將俄羅斯定為「一個不理想的市場」。從早年的社會複雜、黑社會勢力氾濫，到現在的市場不規範、政策不穩定等因素，既斷送了不少中國商人的生意，甚至性命，也是今天他們進軍俄羅斯市場的障礙。與俄羅斯商人結算時有收款風險，因為當地商業法

規變動太頻及不合理，俄羅斯商人支付貨款渠道多樣化，從境內的公司帳戶、私人帳戶，以至境外的跨國帳戶無奇不有，從不以固定帳戶匯款，以免讓他為此擔驚受怕，平添貿易不安定感。2007年，廣東對俄羅斯出口僅7.05億美元，而當年廣東省的對外出口卻高達3,692億美元，就在2008年中俄貿易額將超過500億美元之際，廣東省對俄出口額也僅為50.3億美元，而同期出口總額達4,041億美元。

Alexandre Benois所畫沙皇保羅面前的軍隊（Military Parade of Emperor Paul in front of Mikhailovsky Castle ，1907）

因此在事件問題的解決中，中方不需要對於事後的賠償問題過度強調，因為問題出在遠東地區，俄羅斯遠東地區的領導人要對此作出具體交代。根據《環球時報》報導，根據拍攝於俄羅斯軍艦上的視頻，可以聽到俄羅斯船員的聲音，開始有個很小的聲音說：「開槍嗎？」然後是大一些的聲音說：「當然要開槍了！」隨後就看到有信號彈射向中國商船新星號，並聽到「啪」的開槍聲音，然後俄羅斯軍艦上又有人說：「哈哈，終於打中了！」後來「新星」號離鏡頭越來越遠，並慢慢傾斜下沉。

沙俄沙皇和大臣互動。（Bilibin, Ivan Yakovlevich，Билибин, Иван Яковлевич：Иллюстрация к «Сказке о царе Салтане» Купцы 1905）

或存在官商勾結問題

其實這個錄影裏還有最後兩句，媒體沒有收錄。最後有人問「怎麼辦」，另一個回答，「我支援你」。俄羅斯遠東的檢察官說，開火命令是俄聯邦安全局下達的。從事件的發展過程中判斷，這應該是俄羅斯遠東邊防部隊自己的主張，甚至可能有遠東的官商勾結的問題。

在「新星」號問題上，中國需要給莫斯科當局時間，讓莫斯科直接調查遠東地區的官商勾結問題，這樣才能夠保障未來中國在遠東的利益。否則俄羅斯遠東就像老鼠屎，壞了中俄關係長期穩定的發展。

中國蘇愷-27SK退役廢舊機體驚現西安街頭。

蘇愷-35配套的Ирбис-Э（雪豹-Е）有源相控陣雷達也是俄羅斯積極向中國推銷的產品，該雷達探測距離居於世界領先地位，甚至優於F-22的雷達。

中俄與美將爆媒體大戰[1]

【《大公報》短評】中俄和美國之間會因為雙方利益的不同，而產生重大分歧。美國要為這次經濟危機卸責，俄羅斯要擴張和保護自己的能源經濟和地緣政治，中國則要為「中國製造」正名。這些矛盾都會在媒體上顯示出來，中俄和美國之間的媒體大戰在2009年也將會變得更加劇烈。

　　當美國金融危機全面爆發而引發全世界性的經濟衰退時，新任總統奧巴馬上臺，此時對於平常三權分立美國而言，如何處理美國面臨的金融危機呢？美國司法此時連金融公司的高額工資都處理不了，而立法機構只能夠通過高額的輸困計畫，美國行政機構最多只是譴責。美國在全世界人民面前丟失了兩百多年建立的誠信，面臨的是前所未有的困局。在困局面前，美國不僅需要對內整頓金融秩序，而且對外要把責任推得一乾二淨。這樣沒有喉舌功能的美國媒體就需要開足馬力進行有效的宣傳，這場宣傳戰的主要對象將會是中國和俄羅斯，

---

[1] 本文發表於香港《大公報》傳媒睇傳媒專欄，2009年2月26日。

「中國製造」的沒有秩序和俄羅斯能源和地緣戰略的野心,將會是重點。

Tschistjakow, Pawel Petrowitsch索菲亞皇后和王子的爭鬥（At the wedding of Vasilii the Dark Sofia Vitovtovna pulls the belt from Prince Vasilii Kosoi）,畫於1861年。

美國行政權再次強化

在這次金融危機當中,布希政府和現在的奧巴馬政府對於金融和相關企業的輸困案加起來整體的資金額度為1兆6千億美元,如果計算布希政府沒有使用掉的錢,整體資金額度也在1兆2千億以上。這不由得使我們思考一個問題,就是這些錢的數額和美國在伊拉克戰爭中耗費的金錢大致相同。也就是說,是否華爾街也是美國政府戰爭計畫的替罪羔羊呢?

筆者經常對於美國所宣稱的三權分立保持高度的懷疑,懷疑美國是否是真正的行政分權社會和公民社會。為何華爾街的CEO們敢於在全球經濟危機面前拿高額的工資和紅利,此時華爾街高層卻在媒體面前集體消聲了。這存在兩種可能,一是華爾街高層並不願意公佈自己拿高額的工資和紅利的真正原因;另外就是,美國媒體讓華爾街高層

消聲了。也就是說，美國在平時是三權分立，但在經濟危機或者由美國政府首先闖禍，然後縱容美國的金融企業進行違法投資，然後利用美國國家資本將這些金融企業進行收編，以此來對付現今日益強大的中國和俄羅斯。因為在歐盟還沒有整合壯大前，俄羅斯的能源和地緣政治再次領先，而中國憑藉廉價勞動力，在僅有個位數純利潤的困境下，竟然完全崛起，這應該是美國最不能夠容忍的事實。

　　簡單的講，美國無法容忍和支持中國在購買美國的國債並獲得微薄利息中壯大，以及俄羅斯利用能源收入，在中亞和高加索地區重新威脅美國，並開始影響美國在阿富汗的反恐。美國必須利用各種手段，讓中國和俄羅斯吐出部分的所得，使用金融槓桿是最好的辦法。經濟學家的解釋只是為美國的「國際剝削」開脫而已。

　　對於美國的出手，俄羅斯原來想在烏克蘭的天然氣問題上下手，後來看到弊病太大而放棄。最近再次在地緣政治上入手，在中亞和高加索地區封殺美國。中國還沒有具體的措施，只是想出錢購買或者壯大自己的三家媒體。這是否太簡單了點，而且後續破壞媒體自由發展的壞影響一定會馬上出來。

Vasily Perov於1881年所畫沙俄時期的宗教爭吵。

莫斯科市長將經濟危機歸咎於政府決策失誤

　　2月17日，俄《生意人報》報導，莫斯科市長尤里·盧日科夫再次對俄羅斯國內經濟危機給予了猛烈抨擊。他將危機歸咎於政府並建議將一系列行業的國有化，以便儘量平穩地渡過經濟難關。盧日科夫在接受《生意人報》採訪時表示，政府的貨幣政策是造成實體經濟問題的主要原因之一。他指出：俄羅斯擁有那麼多的黃金儲備、長期的貿易順差和大量的穩定基金，似乎不應該出現危機。他認為，梅德韋傑夫和普京應當作出放棄貨幣政策的決定。盧日科夫警告說，如果不這樣做的話，就會導致大量企業倒閉。盧日科夫指出：應當放棄貨幣主義。應當向資本主義過渡，形成擁有繁榮的國內市場的國家，包括自主生產在內。國家為了平穩地渡過危機時期，就要立即將一系列經濟領域國有化。政府的任務是：使各行各業金融狀況正常化（如果可行的話，也使它們的技術正常化），然後再將它們市場化。

俄地緣政治日趨成熟

　　俄羅斯在梅德韋傑夫總統和普京總理結合的雙核心體制下，有三項任務必須要面對，一是穩定內部的經濟發展，這對於俄羅斯來講還比較容易；二是鞏固和擴張俄羅斯在中亞、高加索地區和東歐國家取得的地緣政治優勢；最後是粉碎西方媒體對於梅普雙核心體制的分化。最後一點是俄羅斯最主要的問題，但也是最棘手的問題。西方媒體認為梅德韋傑夫和普京的關係最近幾周開始惡化，梅德韋傑夫已著手建立一小群但關鍵的獨立權力基本盤。一名西方外交官說：「這場

金融危機給了梅德韋傑夫一個挑戰普京的稍縱即逝機會」，「普京可以說已經不再是呼風喚雨的老大」。

一月三十日，俄多地有數千人示威，高喊「普京下臺」口號，表達對其經濟政策的不滿。莫斯科的示威有數十人被捕，包括遭禁政黨「民族布爾什維克黨」領導人裏莫諾夫。一名接近克宮的消息人士透露，遠東地區至少兩名高官抗命，拒絕以武力驅散反政府示威，迫使中央政府從莫斯科調派鎮暴員警。官員抗命讓普京大為光火，指示總統的第一副幕僚長蘇科夫撤換濱海省內政事務部長尼可拉耶夫少將。尼可拉耶夫以抖出克宮貪腐內幕為要脅，拒絕下臺。

俄羅斯已經在保護已經取得的地緣政治鬥爭中主動出手。同樣，中國面臨「中國製造」被誣衊的窘境，並且中國還在人權和非政府組織上被糾纏，這樣需要中國政府全面檢討自己的媒體政策。香港媒體傳中國政府將會投入450億人民幣到媒體，而對於金錢的去向，報導有很多的版本。但中國媒體的真正問題在於，真正認真投入媒體工作的媒體人非常的少，而真正為中國在國際形象上打拼的媒體人則更少。

網上流傳的中國五代戰機想像圖。

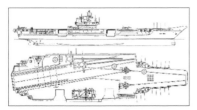

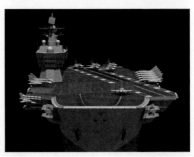

中國航母預想圖。

江南造船廠長興島新址空中俯視圖，國外認為中國將在這裏建造國產航母，圖片已經可以看到航空母艦的平臺。（圖片來源為：新浪網）

中國媒體策略較簡單

中國對於建立在馬列主義新聞觀基礎上的新聞學和傳播學的理論甚少改進，甚至中國中央媒體的管理人員在海外竟然說出：沒有絕對真實的新聞。作為媒體人所追求的一直就是相對真實新聞，如果把這樣的道理用來衡量自己，是否可以說世界

Alexey Gavrilovich Venetsianov所畫的春天。

沒有絕對的真理，因此我們就應該放棄對於真理的追求呢？簡單講，

中國媒體人為國家賣命的人不多，詭辯的多，其認真敬業精神可能還不如香港媒體人。

　　中國要給自己媒體人相對的新聞自由，對於一些衍生出來的歪理，要儘量克制，不要在海外貽笑大方。這次中俄和美國之間一定會因為雙方利益的不同，而產生重大分歧。美國要為這次經濟危機卸責，俄羅斯要擴張和保護自己的能源經濟和地緣政治，中國則要為「中國製造」正名。這些矛盾都會在媒體上顯示出來，中俄和美國之間的媒體大戰在2009年也將會變得更加劇烈。

中國群體事件頻發。

「二二八」問題關鍵何在[1]

「二二八事件」紀念日馬上來臨，此時臺灣社會整體又會五味雜陳，但事件的關鍵在於事件後的影響，而不是在於事件本身的悲情。「二二八事件」後臺灣的省籍情節深植於民心，這使得日後臺北的行政中心絕對不敢對地方有任何的大規模放權行動，直到現在為止還是如此。臺灣的「日本情結」沒有得到有效引導，這樣臺灣本土化進程被引導為「親日」的一部分，臺灣閩南民眾和行政單位都沒有拿到本土化的發言權，這樣當初留下皇民思想的親日分子成為臺灣本土化的代言人。這是臺灣的不幸。

---

[1] 本文發表於香港《大公報》，2009年2月23日。

圖左：二二八時臺灣專賣局一片混亂。

圖右：Kuzma Petrov-Vodkin所畫射擊者（On the Line of Fire）。

皇民思想成為障礙

大陸一直質疑，臺灣存在的日本皇民思想和黑社會作風才是兩岸統一路上的最大障礙，因為這些民眾破壞力強、離心力大。這兩點基本上就是「二二八事件」發展中前期的主要問題。

後來，國民黨為了防堵皇民思想，則把自己整體的思想建設都濃縮到臺北，並且對於地方的多元化視而不見，並且在行政單位人員的設置上，基本上都採用來自臺北的人，對於地方人才的使用比較少。這在李登輝時期比較明顯。陳水扁由於無人可用，則使用了一些來自地方的官員，但沒有放權。到馬英九時期，馬英九周邊的官員基本上都是來自臺北，這樣在遇到世界性金融危機時，現在馬英九不能夠過關是自然的事情。

就像在臺灣引起轟動的《海角七號》電影，在大陸十五城市放映時，觀眾數量不多。其實，如果不是關心臺灣問題的人，對於《海角七號》所表現出的思想和敘事背景並不會認同。因為電影中的日本人和日本問題都太突然，大時空背景相當窄小，並且是大陸觀眾基本不

感興趣的。這一點上與香港電影完全不同，比如在2008-09年的香港電影很多都是在大中華文化的背景下拍攝的。

「二二八事件」的關鍵點不是事件中死亡的人數，而是讓臺灣農業社會的樸實和激烈的社會矛盾結合，並成為事後執政黨的負擔。在日本撤出臺灣後，據統計留在臺灣的火燒島、送往中國大陸或派往南洋的流氓竊盜5萬人，臺籍日本軍人10萬人以上，留臺日本人家屬3,843人，還有1,900多人屬於名稱為「海南島歸臺者同盟」、「若櫻敢死隊」、「暗殺團」等這樣的組織，另外還有很多人是沒有統計到的。這些大約二十多萬人基本是臺灣社會的不穩定因素，現在這些人應該發展到150-200萬人左右。

臺灣「二二八事件紀念基金會」出了一本《二二八事件責任歸屬研究報告》，共分為七部分，報告在基金會網站只有日文和英文內容，並且報告對於具皇民思想民眾和對社會的破壞沒有章節，屬於不平衡的研究。

臺灣社會發展失衡

臺灣在八十年代後的政治改革過程中，始終存在重北輕南、東西失衡的問題。所謂重北輕南，就是臺灣的政治、經濟、文化的中心都在臺北，其他地方都無法全面享受臺灣經濟發展利多，這樣臺灣很多地方在人才、物資等方面只有來自行政單位的行政撥款，地方的任何政治、經濟行動都沒有相對的自由。這樣的形式落後於北京與大陸沿海地區的互動關係。

在「二二八事件」發生52年之後，筆者發現「二二八事件」對於臺灣社會的影響非常深遠，絕非是族群對抗、隔閡這樣可以簡單概述，它可以說是對臺灣社會有整體全面的影響。國民黨和民進黨在近

二十年間都全面消費利用「二二八事件」的每一個側面。「二二八事件」基本是發生在臺灣還處於農業社會的基礎發展階段，反映臺北閩南人和來自國民黨統治的政治勢力產生的矛盾。也就是說，如果不發生在臺北的話，閩南人的排外性的表現會不同。當「二二八事件」接近結束時，行政的最高領導人錯誤認為事件還處於高潮，並認為全臺灣都是如此。

八十年代後，臺灣政治的省籍情節首先被挑逗出來，是在臺北市長候選人陳水扁和趙少康之間的選舉中。之前儘管臺灣有這樣的問題，但就像美國的黑人問題一樣，只要不是把問題臺面化，大家就不會產生矛盾。

二二八事件的相關資料。

2006年3月2日，《國際先驅導報》在二二八59周年前夕，國民黨與鳳凰衛視合作拍攝的紀錄片《春蟄驚夢：二二八還原記事》與觀眾見面。通過採訪當事人，該片還原了歷史，顛覆了一直為「獨派」人士所片面宣揚的省籍衝突，再現了鮮為人知的省籍互助事實。鳳凰衛視向本報獨家提供了該紀錄片的文字資料。文章認為，剛剛光復的臺灣，百業待興。剛剛從日本殖民統治下掙脫的臺灣民眾，熱烈慶祝光

復，回到中國的懷抱，但是隨後成立的臺灣行政長官公署，並沒有帶給臺灣民眾希望。當時在南洋的臺籍日本兵，也陸續搭船回到故鄉，但是回家的喜悅立刻被現實的殘酷所摧毀。

據《華文報摘》報導，國軍21師鎮壓228後被臺籍解放軍殲滅。一九四七年二二八事件發生後，臺灣行政長官公署陳儀電請兵援，國府調派廿一師於三月趕赴臺灣，廿一師駐防臺灣時間非常短，大約只有五個月時間，八月就被調回大陸，並投入淞滬戰役，在這場戰役中，與他們遭遇的解放軍，正是稍早陳儀部隊接收臺灣的七十軍和六十二軍。

廿一師是七十軍、六十二軍於一九四六年分別北調大陸後，一九四七年二二八事件爆發，臺灣省行政長官公署有感於在臺兵力不足，陳儀電請援兵，國軍調派廿一師來臺鎮壓。該部原屬川軍唐式遵部，以一四五、一四六師為主幹，來臺部隊由劉雨卿率領，三月來臺，八月即調離，五個月之內清鄉平亂，臺灣人傷亡者眾，釀成半世紀都無法彌補的傷痕。廿一師離臺時，也招募了若干技術人員，包括醫務人員和司機等。

這兩支隊伍分別自基隆和高雄上岸，七十軍駐防臺灣一年兩個多月，六十二軍則駐防一年不到，就先後調回內地，投入國共內戰，部分被俘後又整編成為解放軍的一員，這其中有不少是國軍徵調的臺灣兵，二二八的憤怒，就在戰場上一次解決。

從南洋到臺灣、從臺灣到大陸、甚至從大陸到朝鮮，都有臺籍老兵的蹤影。日據時代，被拉夫從軍的臺籍士兵，在戰場上打的是國軍；抗日戰爭結束後，主動或被動又投身行伍的臺灣兵，在戰場上打的是解放軍；然而在內地被俘後，不少人又轉而成為解放軍，戰場上槍口立刻得轉彎，打的是先前他們效忠的國軍；滯留大陸的部分臺灣兵，甚至還參加了抗美援朝戰爭，這下子他們打的又是美軍了。

處於凱達格蘭大道的白色恐怖政治受難者紀念碑。

臺灣歷史博物館，日據時的典型建築。

從光復的喜悅到失治的痛苦

國民黨黨史館主任邵銘煌認為，那時候臺灣的人口有600萬，失業人口他們估計就有30到50萬之多，這個失業率是很高的。繼失業而來的是物價波動，從光復初期到1946年底，臺灣物價指數已經飆漲了30倍，隨著1947年的腳步接近，臺灣島內一場風暴隱然成形。

臺灣行政長官公署規定，臺灣重要物資都由政府掌控，沿襲日本殖民當局的專賣制度，百姓不准私自販售。加上大陸國共衝突範圍逐漸擴大，許多物資都運送大陸，臺灣人開始發出怨言。

當時正處學生時代的張永福回憶認為，臺灣出產的米等民生用品，大量由基隆港出海，用到國共戰場，當時的臺灣人沒有工作，當然沒有收入，沒有錢買米。據二二八受難者家屬沈澄洲回憶，一日三市，你今天的價錢，明天又一漲，漲了好幾百倍。新臺幣4萬塊換原來的1塊。不管是有錢人，沒有錢的人，都是有這個感受，就是經濟（崩盤），以後的生活不能穩定。所以人人都在恐怖之下度日，東西到後來只好實行配給制度。

臺灣光復時，每臺斤白米只要0.2元，一年多後，每臺斤的米價高達80元，飆漲了400倍。

事件處理方向有誤

臺灣知名雜誌《傳記文學》在2009年第二期中，刊出中國社科院近代史研究所南京大學教授楊天石的專文《二二八事件與蔣介石的對策—蔣介石日記解讀》，該文長約21頁，批註共90個，但對於蔣介石日記的引用共6處。這表示，對於臺灣這樣大規模的鎮壓活動，蔣介石並沒有留下太多的文字可供查考。

「二二八事件」主要分為三個部分，而且這三個部分直到現在為止都在影響臺灣的政治發展和民主化進程。第一部分是群體事件的處理不當問題。第二部分就是群體事件觸發社會矛盾，並激化為要求政治經濟改革，國民黨錯誤認為這些人才是亂源。第三部分就是軍隊進入臺灣後，迅速穩定了臺灣局勢，但處理對象變為臺灣本省精英和民眾，放過了皇民思想民眾和黑社會。南方朔先生在大眾時代網發表了

名為《從扁家弊案看中國刁民文化》的文章，文章指出扁家就可說是這種刁民文化具體而微的代表。臺灣在上世紀70至80年代，民主運動蓬勃，的確有許多人是民主的真實信仰者，這種人前後言行一貫，標準一致，但陳水扁卻顯然不在此列。

香港鳳凰衛視主持人竇文濤就經常在節目中提出，臺灣民眾都很溫良恭儉。但為何會出現李登輝和陳水扁這樣的人物？其實「二二八事件」後日本浪人思想和黑社會行為部分深入臺灣政治人物思維，李登輝和陳水扁就是代表，這些人還有很多的支持者。

兩岸談判的問題與技巧[1]

　　在胡錦濤總書記對於兩岸提出六點建議和要求之後，本來兩岸已經冷卻下來的政治問題，現在又浮現臺面。具體的表現，在對於「一個中國」概念的過分強調，甚至雙方開始對於不同的意見進行公開性的指責。此時，大陸的學者恰恰忘記，鄧小平在和英國談判時的技巧是：主權是不容談判的。同樣，和臺灣談判的時候，「一個中國」原則是無須討論的，臺灣必須無條件在「一個中國」的框架下回到談判桌上。

---

[1] 本文發表於香港《大公報》，2009年2月4日。

臺灣精英國際觀太狹小

臺灣很多的學者認為，在「一個中國」原則下，著急的應該是大陸。其實這是臺灣方面最大的誤區。現在兩岸的領導人是歷年來對兩岸人民最為瞭解和體貼的，而且國際環境相對而言也是最為寬鬆的，如果此時雙方還不能夠達成一定協定的話，數年之後，雙方都把問題交給強硬派，這樣臺灣一定會成為受到損失最大的一方。此時，大陸強硬派還需要對一種現象作出準確的判斷，就是臺灣民眾承認自己是中國人的比例偏低。其實這非常好理解，就像香港人對外也是稱自己為香港人，而很少提及中國人，但會以當中國人為自豪。未來如果臺灣回歸「一個中國」原則，那麼，臺灣民眾對於中國人的認可度必大升。

馬英九在過年期間拜訪了臺灣前總統李登輝。在拜會中李登輝表示他本人並不反對兩岸的交往，但希望臺灣能夠依靠自己度過現在的全球經濟衰退。對此，據報紙報導，馬英九並沒有任何的回應。這表示按照臺灣領導人的設想，如果臺灣不融入大中華經濟圈的話，臺灣要想度過這次的經濟衰退是不可能的，但如果臺灣不能夠回到「一中原則」的話，雙方則沒有任何的對話基礎，這樣臺灣也只能夠和大陸在蠅頭小利上交往，沒有大的框架。最近臺灣行政單位打算拿出8,585億臺幣（約1,700億人民幣）的預算，要創造90萬個工作機會，這表示臺灣面臨的問題已經相當嚴重。

兩岸的問題，核心在於，兩岸的高層都認為兩岸應該在西方世界陷於經濟危機的時候，要儘快簽署有利於兩岸的和平協定。現在雙方面存在一些意識形態的隔閡，臺灣方面始終無法放棄「中華民國」所帶來的榮耀，這也包括最近二十多年臺灣在民主社會和公民社會的

成功建設。在這一點上，臺灣精英存在的問題就在於國際觀狹小，因為臺灣在這二十年的內鬥中，成功的民主和公民社會的建設並沒有為臺灣的國際格局帶來實質性的好處。也就是說，臺灣發展民主只是滿足自身舒適生活，臺灣民主和公民化並沒有為國際社會帶來任何的衝擊。因為國際上沒有民主的國家不會借鑑臺灣的經驗，在有民主的國家內，臺灣經驗並沒有超越其現有的水平。其實在上世紀九十年代中期，李登輝曾意識到臺灣問題的嚴重，甚至出現以戒急用忍為前提的南向政策。如果李登輝在九十年代能夠採取多元化的政策，在加強和大陸的整合基礎上多元化發展，臺灣的民主經驗才會有意義。

臺灣中正紀念館的士兵交接儀式非常有特色，在民進黨執政期間曾短暫停止過。

現在兩岸只有在簽署和平協定的基礎上，臺灣的民主才能有意義。就像香港在回歸的十多年期間，在「一國兩制」的基礎之上，香港的民主化進程進一步深化。在五年前，當臺灣政治學的資深學者來到香港時，對於香港的選舉與民主化進程嗤之以鼻，認為香港的民主化進程不值一提，相當幼稚。但在中國崛起的前提之下，香港社會在「一國兩制」穩定的前提下，民主化的成績有目共睹，甚至在非政府組織的發展方面全方位超越臺灣。

這樣，如何簽署和平協定才是問題的關鍵。在臺灣的精英內部，李登輝時期和陳水扁時期的精英還沒有理解現在兩岸的大時代已經來臨，如果這些還有相當經驗的精英還沒有意識到問題的嚴重性，在未來一兩年間，這些精英就會馬上被時代和歷史拋棄。大陸的精英也同樣面臨這樣的問題，如果不能夠理解兩岸和平的大前提，這些人一樣會被拋棄和唾棄，因為他們沒有完成歷史所賦予的使命。如果等美國在兩年後，經濟完全走出困境，屆時兩岸的和平協議就沒有任何的意義。

昔日國民黨黨部已變為長榮海事博物館。

抓住時機簽署和平協定

臺灣方面的一些人認為和平協定的內容至關重要，其實如果不抓住時機，包括臺灣的總統馬英九是到現在為止，對於大陸最為友善的領導人，未來的臺灣選舉不會再出現一個馬英九第二的人物。

對於和平協定的內容，兩岸的精英應該儘量放鬆，如果沒有一個好的環境，即使是好的內容，就是兩岸都接受的內容，在臺灣複雜多變的環境中，臺灣方面在談判中取得的任何成績都不會被接受，因為臺灣民眾已經太長時間沒有國際視野了。臺灣還存在部門協調不一致的問題，就是經濟部門或者安全部門達成協議，這些很可能都不會被民眾接受。

審理陳水扁案件的特偵組所在地。

等候新聞轉播的媒體和媒體人。

　　臺灣的官僚體制相對於大陸的體制而言，基本上已經進入慢郎中和全面妥協階段，對於任何的事情，已經沒有任何的感覺，就是只要官僚做事情就會被挨罵。陳水扁貪污的問題根源就在於這個比較僵硬的體制。

　　臺灣政治大學陳芳明教授在《聯合報》中撰文《恨事者的絕望書》，該文就指出陳水扁最近出的《臺灣的十字架》一書既沒有歷史視野，也沒有未來願景。陳水扁的問題就在於將臺灣人對於故鄉的熱愛和自己的政治利益掛鉤，將獲得金錢奉為最高準則，這就是形成陳水扁弊案的最大原因。

　　陳水扁就是全面錯估形勢，將兩岸關係拖入死角，現在馬英九還需要在「一個中國」原則下構建新型兩岸關係，否則馬英九就會成為在臺灣歷史上沒有弊案但平庸的領導人，只比陳水扁強一點。

Ivan Ivanovich Shishkin所畫清晨中的松林（Утро в сосновом лесу，Morning in a Pine Forest）。

俄美能源戰略對立暫趨緩[1]

【《大公報》短評】俄羅斯的強大是相對歐洲而言的，俄也不希望在天然氣問題上，歐洲和美國團結在一起。俄、烏天然氣大的爭端今年將不會上演。未來美國和俄羅斯的能源競爭在2009年暫緩後，後年還將惡化。

俄羅斯和烏克蘭在天然氣輸送問題上的爭執暫時結束。但在俄羅斯內部有個共識，就是在奧巴馬上臺之前，把天然氣的控制權進一步加強，當奧巴馬上臺之後，在上半年俄羅斯只要保持國家在天然氣價

---

[1] 本文發表於香港《大公報》，2009年1月29日。

格的控制權就好。如果這類事件再次發生，將會促進美國內部的進一步團結，並且有看穿普京手腳的嫌疑，感覺俄羅斯離強大還有一段距離，犯了赫魯雪夫在核子武器問題的錯誤。俄羅斯的強大是相對歐洲而言的，俄也不希望在天然氣問題上，歐洲和美國團結在一起。俄、烏天然氣大的爭端今年將不會上演。

以色列在加沙地帶動武後，國際石油價格在掉到每桶40美元以下後開始向上跳升。圍繞在石油戰略的背後，是否是地緣政治和能源緊缺造成石油的價格居高不下和短期一路下滑且還要持續？另外，作為石油產業鏈的西方石油公司是否能在這輪世界性的經濟危機中安然度過？在美國經濟危機中，俄羅斯和中國受到重創，那麼，可能需要美國首先擺脫危機，中國則需要讓危機不再擴散就好。中國不需要首先擺脫危機，但俄羅斯則可能加緊進行地緣政治的擴張。

俄羅斯只剩下天然氣牌

能源價格的上漲，使得俄羅斯的地位得到前所未有發展，在石油OPEC組織主導石油價格的前提下，俄羅斯最多只有在天然氣價格上做文章。俄羅斯的戰略計畫是，利用地緣政治和天然氣的優勢，對東歐國家和高加索地區產生威脅，然後利用優勢收回在1992年失去的國有資產，壯大屬於國家的壟斷資本，並且頂住來自美國的政治和輿論壓力。

臺灣政治大學俄羅斯所王定士教授認為，美國和俄羅斯的能源戰略可以用「縱橫」兩個字來解釋，而且縱橫的中心點就是在裏海。裏海地區石油資源豐富，兩岸的巴庫和東岸的曼格什拉克半島地區，以及裏海的湖底，是重要的石油產區。裏海湖底的石油生產，已擴展到離岸數十公里的水域。

普京的政治漫畫形象。

　　裏海成為俄美爭奪的焦點不是問題的核心，核心在於裏海是俄羅斯和美國的戰略底線。如果美國在爭取到烏克蘭之後，還要在裏海周圍爭取到支持者的話，俄羅斯在戰略的需求下會對美國進行摧毀。比如格魯吉亞在南奧塞梯的魯莽行動被教訓就是俄羅斯戰略行動，行動既符合了俄羅斯未來的戰略，而且也向世界宣佈未來在俄羅斯說了算的還是普京，對此西方國家是不需要進行任何挑撥的。未來如果烏克蘭有進一步行動的話，烏克蘭被分解為東西兩部分的可能性是存在的。

圖左： 2007年4月28日訊俄羅斯琥珀造船廠已於近日開始為印度海軍建造3艘11356型護衛艦，該廠總經理尼古拉·沃洛夫表示，建造工作正在嚴格按照進度進行。
圖右： 2008年美國海軍CVN-73華盛頓號航母替換「小鷹」號航母（CV 63）部署日本。

美國經濟還沒有到谷底

在這次美國面臨的經濟危機中，中國國內的媒體進行了大量的報導，尤其是在中央電視臺，大量記者詳細報導了來自美國的觀點，但這一些存在著嚴重的結構性不足。美國的實體經濟基本上就剩下石油產業、資訊產業、金融產業和汽車產業，現在美國的問題出在金融產業和汽車產業，美國在能源戰略擴張的前提下，能源產業受損的情況的介紹並不多，而且關於華爾街核心金融的情況報導也並不多。很多美國和中國學者表示，原來經常在世界各國介紹如何投資的美國所謂投資立場專家，其實並不是華爾街的核心。華爾街的核心現在已經被保護起來了。

中國中央級的媒體核心認為，按照現在中國媒體的報導趨勢來講，美國經濟已經是完蛋了，但實際情況並非如此，這次經濟危機還沒有傷到內裏，而是美國能源戰略和金融戰略角力的初步結果。未來美國和俄羅斯的能源競爭在2009年暫緩後，後年還將惡化，為此俄羅斯總理普京重組天然氣的會談，從這就可窺見一斑。

2000年之後，特別是在「911事件」和中國加入世界貿易組織的時間點上，美國的網路泡沫接近尾聲，此時的美國面臨幾件大事：中國在經過韜光養晦之後，開始正式崛起；日本的經濟還沒有復甦，韓國快速擺脫金融危機，但韓國在東亞不能扮演重要角色；美國似乎並不願意看到歐洲的快速整合，美國希望整合後的歐盟還處於北約的控制當中；俄羅斯在普京的執政下，已經開始出現穩定，俄羅斯民眾混亂的思想開始得到梳理，對於蘇聯的恐怖印象開始減少。

蘇聯太平洋艦隊的輕型護衛艦Lazar Kaganovich，攝於1944年。

俄羅斯太平洋艦隊現役的兩艘無畏級大型反潛導彈驅逐艦。俄羅斯消息新聞社2006年8月26日報導俄羅斯副總理、國防部副部長伊萬夫稱，俄羅斯海軍將從2009年開始裝備新型戰艦及先進核潛艇，即新一代水面艦（巡洋艦和輕型護衛艦）、導彈核潛艇以及多功能潛艇，這些艦艇將部署在太平洋艦隊。（圖片來源：新浪網）

俄美能源戰略還會角力

普京的強硬手段。

　　王定士教授還認為，在美國、歐盟、俄羅斯和中國的關係發展中的一個焦點就是：中國崛起。在九十年代美國國家精英已經確認中國崛起已經成為事實，那麼處於危機中的俄羅斯如何牽制中國成為美國戰略發展的重點。在這樣的戰略思維下，2000年後的能源價格不斷向上攀升就可以理解。自上個世紀八十年代之後，美國實體產業基本已經開始轉移出，那麼以資訊產業和銀行服務為主的美國經濟體，在改善美國人民的生活方面沒有太大的困難，但在全球戰略的佈局上則缺乏實質性的力量。

　　美國透過北約已經對歐洲進行了徹底的整合，歐盟在美國的對外戰略上，基本為配合的角色，而真正不與美國配合的國家就基本上只有俄羅斯和中國了。當年葉利欽曾經想與美國進行戰略配合，沒有成功。據葉利欽周邊智囊透露，俄羅斯和美國的關係應該維持鬥而不破的默契，儘管這樣存在一定危險，但葉利欽出於對美國的感謝，忘了俄羅斯、蘇聯的一貫原則。最後葉利欽在1997年已經幡然悔悟了，只是時間晚了兩年。伊拉克是美國經濟危機的包袱，未來南奧塞梯是否是普京的華容道呢？普京在南奧塞梯的策略是堅持與美國鬥爭的策略，普京能否成功，這需要拭目以待。

美官僚系統日趨庸俗化[1]

【《大公報》短評】美國的民主化進程導致官僚系統的庸俗化。所謂「庸俗化」就是指官僚系統在民眾心目中偉大和良好形象將會隨著民主化進程消弱。美國過度放任民主化與市場化的結果造成危機,害了世界各國的發展,這是美國某種程度不成熟的表現。

---

[1] 本文發表於香港《大公報》,2009年3月17日。

在全球的金融危機之下，美國新總統奧巴馬似乎會要改變未來美國的戰略，來擺脫布希在阿富汗戰爭和伊拉克戰爭之後對於美國的困境。中國同樣懷著期待和複雜的心情來看待未來美國對外政策的變化。但美國奧巴馬和小布希最大的區別在於實現目的的手段不同，而目標則沒有太大的變化。也許中國預料到美國政策的最新形式，最近中國海軍為保護本國的貿易團隊，開始往索馬利亞海域派海軍抗擊海盜。

列賓所畫聖徒尼可拉斯拯救三位無辜者（Saint Nicholas of Myra saves three innocents from death. Oil on canvas. 215 × 196 cm. The State Russian Museum, St. Petersburg.Николай Мирликийский избавляет от смерти трёх невинно осуждённых. Холст, масло. 215 × 196 см. Государственный Русский музей, Санкт-Петербург.）

民主化進程出現問題

當年美國入侵伊拉克，正值美國總統布希所主導的單邊主義達到頂峰。對此，臺灣著名專欄作家南方朔先生對筆者表示，美國

的問題在於其所主導的民主化進程出現問題，民主化的結果和中程效果如何，世界各國或者美國民眾和精英也許並不清楚，美國的學者也沒有表達過意見。就像媒體資訊公開透明改革之後，其目的如何，商業化媒體在資訊公開透明後是否媒體的責任要提上議事日程，商業化媒體如何與立法系統、行政系統和司法系統打交道，成為主要課題。

問題的答案就是：美國的民主化進程導致官僚系統的庸俗化。所謂「庸俗化」就是指官僚系統在民眾心目中偉大和良好形象將會隨著民主化進程消弱。對於這一點美國總統布希是點滴在心中。

當初布希在選舉中以具有爭議的微弱多數獲得勝利後，幾乎所有的美國媒體都質疑布希的能力，並且認為布希將會是美國歷史上最沒有作為的總統之一。布希在由其父親老布希所主導的智囊團的建議下，積極利用「911事件」後的國際氣氛，發動對阿富汗和伊拉克的戰爭。

在這場現在還在進行的戰爭背後，布希為世界和美國公民留下的真正遺產主要有以下幾個方面：民主化需與政府的威信相互配合；能源戰略有時非常脆弱；美國需重新塑造政治威信，或稱政治的個人英雄主義。

美國危機情況之下，奧巴馬應該是最佳的選擇。美國民眾在經濟危機下，自信心基本已經喪失，那些自以為是的資本家，或稱CEO，也可稱為高收入的寡頭，基本上沒有了往日的得意風采。這在中國大陸和臺灣情況基本都很像。中國大陸對一些過去發國家法制落後的國難財的CEO進行逮捕是必要的，臺灣調查陳水扁在二次金改中大肆受賄，同樣是符合國際發展趨勢的。相信未來奧巴馬當政之後，一定會徹查造成這次金融危機的銀行家和CEO。

心情矛盾的奧巴馬。

政府需重塑政治威信

在這次世界性的金融危機中，俄羅斯和中國非常值得注意。

在首波的危機中，大約在9月份，俄羅斯的寡頭的個人資產最少減少三分之一，有的甚至減少一半以上，但對於俄羅斯來講，這次的金融危機並不全然是壞事。臺灣政治大學俄羅斯研究所所長王定士教授認為，俄羅斯國有資產在能源部分主要集中在天然氣，而不是石油。在1992年蘇聯解體之後，葉利欽所進行的震撼療法，就是將國有資產

廉價賣給後來的寡頭,而且賣掉資產的手法非常殘忍,就是採用貸款的形式,就是說如果葉利欽認定某人當時是非常值得信賴的,即使這個人沒有任何的資產,政府都會貸款給這個人幾億美元或者幾十億美元,然後這些寡頭利用得到的企業,馬上將企業的部分資產賣給本國的資本擁有者或者外國資本。大約在1994-1997年間,俄羅斯國有資本受到嚴重創傷,其中的重災區就在於石油企業。其他企業,當賣出後很多都已經破產。未來如果普京能夠處理好的話,可以順便在危機中、在低點收回原來流失的石油企業的資本。

中國大陸地方的問題仍多。

　　南方朔先生則認為，在中國大陸情況特殊，由於中國大陸的政黨非常強大，並且國有資產涉及大量的勞工人群的生活，所以在國有資產的流失上比俄羅斯要少很多，但其中也不乏惡例。這樣中國大陸政府在採取強力措施之後，很多人有所收斂。但在「911事件」之後，由於美國政府過度放任銀行系統以基金理財的方式，將很多有問題的資產放到優良信貸裏面，這樣使全世界的資本都在為美國的房貸業付錢，如果美國破產，則是全世界的投資者要埋單。而美國房子的固定資產還在美國，只要美國能夠挺過經濟寒冬，那麼美國還是世界經濟的巨人，其他國家則在損失後，依然渺小。在這一點上，美國這次是向全世界的投資者和投資國家的犯罪行為，這樣的犯罪行為沒有任何人或者國家能夠糾正。

　　南方朔先生認為，中國大陸的新華社、《南方週末》、《財經》雜誌部分有力地監督了財團對國有資產圖利的情況，這種監督同時督促了地方政府的短視行為。中國大陸的地方政府在很大程度各自為政，這種不正常的風氣，需要在這次的經濟危機中重點糾正。

放任市場化造成危機

　　臺灣前領導人陳水扁在二次金改的貪污，大量利用理財和轉帳的方式，把大筆資金轉移。二次金改的手法基本和俄羅斯葉利欽的手法一致，就是將公有資產進行改革，然後在商業企業間收取回扣，將公有資產廉價賣出，並且以做大作強為號召，讓擴張後的商業企業來裁減來自公有企業、銀行的員工，其理由無外乎就是提高效率，並且在臺灣工會力量微弱的前提下，來消聲。

　　美國過度放任民主化與市場化的結果造成危機，害了世界各國的發展，一些領導人則在忙著貪污。這是美國某種程度不成熟的表現。

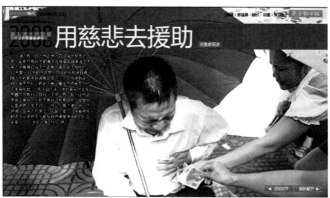

2008年，南方都市報對於社會事件觀察相當用心。

Dnipropetrovsk所畫的秋天（Autumn, 1883, Painting is in w:Russian State Museum.）

Dnipropetrovsk所畫社會名人瑪麗娜（Portrait of Maria Lopukhina, 1797 Oil on Canvas, 72 × 53.5 cm The State Tretyakov Gallery Moscow, Russia）

臺媒體轉型越轉越糟[1]

　　經過解嚴之後，臺灣的媒體二十多年來一直處於轉型期，這種轉型已經嚴重妨礙臺灣政治和經濟的正常發展。一直和臺灣民意代表選舉、縣市長選舉、基層公務人員培訓、行政單位活動密切相關的戰國策國際顧問公司吳春來執行長認為，造成這種局面主要由於臺灣新聞過度政治化和臺北化所致。

---

[1] 本文發表於香港《大公報》，2008年12月20日。

　　臺灣媒體短視，不能順利轉型，也令政治人物的迴旋空間不大。吳春來將之歸納為：在臺灣做官很難，搞經濟很辛苦，生活很累。

Kuzma Petrov-Vodkin所畫騎紅馬的人。

「新聞自由」成為包袱

　　臺灣媒體在轉型之後，形成「傳媒都在臺北」的局面，並且有「來自臺北的觀點就是全臺灣的觀點」之勢。媒體一方面為自己所擁有的新聞自由和監督權自豪，但另一方面卻為自己對社會、企業、行政單位造成的混亂感到內疚。

　　媒體新聞「來自臺北」最大的問題在於：媒體人自以為很國際化，其實所有的報導基本上都很矛盾、很理虧，卻又是打著新聞自由的旗號來騷擾民眾。筆者問過臺灣大學和政治大學的新聞傳播系的同學：如果看臺灣電視新聞超過三小時，感覺如何？答案基本都是：心情會變差。

　　臺灣媒體特別是電視媒體，在轉型期間遇到的困難，正正是由新聞自由和新聞監督政府的思維所導致。

　　香港城市大學首席教授李金銓指出，新聞自由概念的推廣是二次世界大戰之後，世界格局分為蘇聯和美國兩個陣營，兩個國家就「如何保護本國秩序」提上議事日程。美國政府認為，向歐洲、亞洲、南美洲、非洲的新興國家宣揚新聞自由，可令它們理解和接受美國。這就是美國所講的磁吸效應，美國就是資訊的發佈者，任何不利於美國的資訊都會在美國所主導的資訊流中被沖走。

　　元智大學通識教學部部長王立文教授講了一個佛故事作為例子：一隻小鵝被推進了一個瓶子並被餵養，鵝日漸肥大，肥大得無法從瓶口鑽出來。小和尚突然領悟到，瓶子就是頭腦，你就是那隻鵝，自困愁城是永遠也找不到讓鵝釋放的辦法的。

　　同理，媒體擁有新聞自由和新聞監督只是第一步，接下來需要相當具體的完善措施，把這兩樣東西予以鞏固才行。臺灣媒體就像鵝與瓶子，不能自我釋放。

只顧眼前廣告利益

　　臺灣媒體特別是電視臺在廣告利益的驅使下，開始向財團傾斜。對於批評政府官員他們已經認為不是什麼新聞，轉而拍財團的馬屁，情況已到了令人噁心的地步。比如一個財團的女董事長的面貌明明已經和五年前有了非常大的改變，但記者卻說她根本沒有變。

　　在這次金融危機中，臺灣一電視臺每晚推出一個反映兩岸臺商如何共渡難關的專題。專題中臺商接受記者採訪，嘴裏喊著經濟寒冬不好過，採訪的地點卻選在高爾夫球場；另一個採訪場景是在大餐廳

裏，臺商大快朵頤。原來該臺商是在過寒冬之前已經把員工都剝削淨
盡，感到難過的只是今後可能不能再打高爾夫球了。

　　臺灣記者拍財團的馬屁作風看來已經深入骨髓，在採訪中臺商對
記者是一副愛理不理的樣子。

　　這也影響了大陸促統工作的方向，大陸的某些對臺單位口裏喊著
要照顧臺灣人民的利益，但行動上卻一直只照顧臺商和財團。如果能
加快兩岸的融合，那麼兩岸的交往想必花錢少，效果大，事半功倍。
如只是專注臺商，則是花錢多，收效不大。

馮建三教授。

2008年6月2日，李金銓教授做黨國市場統合主義：中國媒介集團化以後的演講，
演講由馮建三教授主持。

　　例如，大陸大學現在過度行政化，已受到普遍批評。但其實問題的實質不在於大學本身過度行政化，而是大學中的學院過度行政化。大學裏的校級單位過度行政化的危害遠遠小於學院的過度行政化，學院裏的院長或常務副院長在掌權之後，為了追回自己完全沒有時間搞學術的損失，便利用行政權力迫害學者、教授。

　　行政化、政治化的禍害在這些地方可見一斑。

深入改革無從說起

　　臺灣政治大學洪貞玲教授在《媒體公民行動網》中發表《新政府、新作為：有效管制廣電媒體的幾個方向》的文章指出，在廣電媒體的發展上，國民黨自1992年開放電波資源，開啟廣電媒體市場競爭的序幕，也踏出公共電視的第一步；民進黨主政時期，終結黨政軍擁有媒體、成立NCC，擴大公廣集團，進入廣電管制與媒體市場的調整期。

　　政治大學馮建三教授認為，臺灣解嚴以來，臺灣大眾傳播媒體展現的奇異景觀有三：一是俗稱的「兩報三臺」，從主流成為跟班；二是電影雖然在歐洲影展得到許多獎項，但臺片蕭條到了幾乎不復存在的地步；三是來自對岸的簡體字圖書，則從非法至如今已能雄霸一隅。中國大陸書籍夾其價格與學者數量的優勢，業者估計，研究所研究人文社會學科的學者，從2002年起的5年間，可能有四至五成讀簡體字書。

　　在經濟不景氣下，臺灣媒體發展現在處於矛盾狀態，深入改革已經很難。如果有媒體倒閉，雖然很無奈，但也只好等再度景氣後，媒體數量便會再多起來。正如列寧所說：社會的繁榮和媒體的數量有著密切的關係。

2009年3月13日，中國大陸總理溫家寶在北京人民大會堂與中外記者見面，並回答記者提問。臺灣中央社記者提問，溫總理您好。我的問題是有關兩岸經濟合作協議的問題。這個議題兩岸都很關切，我想請教總理，今年之內是否有可能完全簽署，以及完全簽署後是不是代表臺灣可以順利參與東盟10＋1機制。二是關於臺灣參加世界衛生大會的問題，總理在政府工作報告中曾經提到會通過與臺灣協商對這個問題做出合情合理的安排。在這裏想請總理進一步為臺灣民眾分析臺灣今年參加世界衛生大會的可能性。另外一個是比較個人的問題，總理知道臺灣觀光資源很豐富，也很多元，如果您有機會到臺灣走一走的話，不知道您會想去哪兒看一看？溫家寶回答，我想先說明一個事實，臺灣與大陸的經濟聯繫十分緊密，可以說到了不可分割的地步。就拿去年來說，儘管遇到金融風波，雙邊的貿易額還接近1,300億美元。其中，臺灣的順差是778億美元，臺灣在內地已經落戶經營的工廠多達3萬多家，落實的投資資金已經達到470億美元。在這樣緊密聯繫的情況下，我們應該加強合作，共同應對危機。我在報告裏提出兩岸要儘早協商簽訂綜合性的經濟合作協定，並且建立適合兩岸特點的合作機制。我講的這個協議和這個機制如果深一步來講，應該包括「三個適應」。第一就是要適應兩岸關係發展的情況；第二就是要適應兩岸經貿交流的需求；第三要適應兩岸經濟貿易的特點。總的就是要實現互利共贏。我們真誠希望兩岸能夠通過適當的方式抓緊商議和簽署協定，建立有利於兩岸的合作機制。臺灣是祖國的寶島，是我一直嚮往的地方。我真心希望能有機會到臺灣去走一走、看一看。我想到阿里山，想到日月潭，想到臺灣各地去走、去接觸臺灣同胞。雖然我今年已經67歲了，但是如果有這種可能，走不動就是爬我也願意去。

臺灣媒體發展仍需理想性[1]

　　臺灣《新新聞》第1134期發表題為《缺機制、沒章法——人才迷宮》的封面故事，雜誌內發表兩篇題為《各方角逐卡位，人事紛爭頻上演——濫好人充斥的馬政府》和《缺機制沒章法——人才迷宮》。這兩篇文章本身的立基點和新聞賣點都沒有任何的問題，但問題在於

---

[1] 本文發表於香港《大公報》，2008年12月10日。

新聞分析的長遠程度欠缺，因為任何的人才都需要一個培養和實踐的
過程。鄧小平曾講過：實踐是檢驗真理的唯一標準。另外，行政單位
使用的大量人才基本上都比較中庸，在外界看來也許稱不上人才，但
對於行政單位來講螺絲釘和發動機同樣重要。封面故事的結論，平心
而論早下了半年，也許半年後再討論都來得及。

　　《新新聞》作為臺灣最具評論影響的雜誌，應該在新聞分析的深
度上做文章，要將批評和建言結合，不能夠按照媒體人的喜好，把本
來已經複雜的人事問題再加入其他的因素，或者替某一部分人說話。
人事問題本來就是中國人中最複雜的問題。

《南方都市報》的圖片選擇始終不錯，但報導過於片面。

人文辦報與盈利無關

　　《新新聞》第1135期的封面故事則變為：《飯桶政策保不住人民飯碗——事業怒潮》，其中有兩篇報導非常顯著，分別為《倉促推新案，燒錢玩數字——救失業，馬政府呷緊弄破碗》和《失業難題，各界獻策——促進人民就業政府莫圖近功》。雜誌報導中存在的問題是一樣的，雜誌需要把臺灣的真正問題寫出來，而不是使用聳動的語言。這些標題常常使我們有個錯覺，就是臺灣已經倒退五年十年了，其實問題沒有那麼嚴重，比如臺灣家庭很多都有車，但大多都是舊車，需要底氣更換，但沒有那麼多錢而已。

　　媒體對於臺灣行政單位的報導大約集中在兩點，政策快叫急就章，政策慢叫反應慢，是否有恰如其分的呢？沒有，因為按照新聞原則，答案只有兩個，就是急就章和反應慢。如果平日裏電視和報紙經常使用勁爆的語言，臺灣民眾受到的基本上都是媒體的騷擾，這樣最終受害的是臺灣媒體，是文人辦報的體制。

　　文人辦報是中國知識份子在儒家文化的影響下參與政治的一種具體形式體現。在臺灣戒嚴時代，文人報紙有個非常不好的習慣，就是在新聞資源短缺的情況下，文人辦報成為非常賺錢的行業，這樣使得臺灣報紙的任何轉型和改版都一定和盈利相鏈結。最後報紙出來的新聞往往都存在媒體霸權的問題，把所有問題都以媒體人的角度想當然，尤其是最近半年，臺灣三大報頭版以設計和照片遠遜於香港的報紙。最近筆者在臺灣政治大學傳播學院作報告時，展示了俄羅斯現在的《消息報》、《勞動報》、《論據與事實報》的頭版時，一些老師對於俄羅斯這樣老報紙的頭版變化表示吃驚，甚至頭版好看程度不輸香港的報紙。

民國時代文人辦報歷史

　　清朝的政府官報改稱《京報》，自雍正八年開始由軍機處發佈，主要內容有宮門抄（即宮廷消息，包括重要的任命）、皇帝的敕命，公告和大臣的奏摺，也刊登少量的關於災禍、傳聞等社會新聞。清末的《京報》通常為日刊，每天黃昏或晚上出版，每天出五、六頁至十幾頁。多用黃紙作封面，封面用紅色「京報」二字作報頭。「京報」可以公開叫賣，接受訂戶。讀者主要是官吏、豪紳和富商。京報的發佈幾乎遍及全國。

　　北京地區的第一份近代期刊是《中西聞見錄》，是1872年美國傳教士丁韙良和英國傳教士艾約瑟合辦的月刊。內容雜錄各國新聞及介紹近代天文、地理、格致（科技）等方面的知識。曾發表介紹電報、煤氣工業、鋼鐵工業、照相技術等方面的文章。該刊於1876年改名《格致彙刊》，遷往上海發行。

　　1895年8月，由維新派團體強學會主辦的《萬國公報》在北京創刊，由梁啟超、麥孟華編輯、撰稿。每兩天出版一期，每期約10頁，內容有上諭、外電、各報選錄、譯報、評論等。評論一般為5,000字以下，主要由梁啟超、麥孟華執筆，內容主要是鼓吹變法維新。創刊一個月之後，發行量就達到了3,000份。由於《萬國公報》與基督教在華出版機構廣學會的機關報重名，所以在出到第45期時改名《中外紀聞》。

　　康有為在《中外紀聞》上發表的第一篇政論文章《開會主義書——強學會序》是維新派的政治宣言。康有為在文章裏激動地論述了當時中國面臨的危急形勢，接著又以印度、土耳其、安南（越南）、朝鮮的亡國命運為例，沉痛地描繪了中國一旦亡國之後的「慘烈之狀」，最後號召愛國的士大夫和知識份子開展維新運動，以挽救祖國的危亡。

　　《中外紀聞》的出版發行引起封建頑固勢力的反對和仇恨，他們上奏章攻擊強學會「植黨營私」，說《中外紀聞》販賣西學。於是慈禧太后強迫光緒皇帝于1896年1月20日查封了《中外紀聞》，並解散了京、滬兩地的強學會。《中外紀聞》雖然只出版了五個月，卻在朝野之間引起了很大的震動，為後來的戊戌變法運動作了輿論準備，並且開闢了民間辦報的道路。

　　1901年10月《順天時報》在北京創刊，是日本侵華機關東亞同文會的中島真雄主辦的。該報有龐大的機構，在中國各大城市派有記者，到處搜集中國政局方面的情報，並且極力支援中國的親日派軍閥，所以被人們諷刺為「逆天時報」。1905年該報出讓給日本公使館，1930年3月停刊。

　　1904年彭翼仲在北京創辦《京話日報》。該報用白話文體寫稿，不久發行量就超過了1萬份。1906年被清政府查封。1907年汪康年來到北京，與夫人合辦《京報》，自任編輯，內容分為政論、新聞兩大類，因為大膽抨擊清政府而被查封。這兩家報社的地址都在正陽門外五道廟。這一時期北京地區的報紙還有《北京女報》、《白話學報》、《正宗愛國報》、《進化報》，都是一些民間辦的報紙。

清末北京地區的立憲派報紙有《國民公報》。該報兩大張，有各省諮議局的資金支持，有許多名人的來稿，在北京報界的地位十分重要，讀者全國各地都有。社址在宣武門外後鐵廠。此外還有《大同報》、《憲報》、《京師日報》、《官話政報》等，都是鼓吹民主憲政的報紙。

《帝國日報》、《國風日報》、《國光新聞》是資產階級革命派在北京創辦的報紙，以鼓吹反清革命，建立民主共和制度為辦報宗旨。辦報時間在1909年底至1911年辛亥革命時期。

辛亥革命推翻了滿清王朝的統治，中華民國的成立結束了兩千多年的封建帝制。1912年3月，以孫中山為首的南京臨時政府頒佈了《中華民國臨時約法》，規定人民有言論、著作、刊行、集會、結社的自由，因此在當時出現了一個成立政黨和辦報的高潮。北京城裏也出現了報館林立、各種新報如雨後春筍破土而出的局面。當時全國的報刊為500家，北京就占了100家。民國初期的報刊大多是各黨派創辦的，各自宣傳本黨派的政治主張，以同盟會—國民黨系統的報紙最多，有《國風日報》、《亞東新報》、《民主報》、《民立報》、《中央新聞》等，主辦人有宋教仁、仇亮、張樹榮、張季鸞等。

1913年二次革命發動後，北京地區的國民黨創辦的報紙全被袁世凱查封，袁世凱還頒佈《報紙條例》、《出版法》，規定所有報紙出版前要送一份給當地警察局備案審查，警察局可以隨意停止報紙的出版，可以隨意刪改、扣發稿件，並以妨礙治安、洩露外交、軍事機密的罪名對報社進行懲處。因為1913年是癸丑年，因此人們將這次災難稱之為「癸丑報災」，稱袁世凱為「報刊屠夫」。

《京津時報》、《天民報》是進步黨人辦的報紙，他們擁護袁世凱政府，與國民黨的報紙展開筆戰，辦報經費有來自袁世凱。

當時北京地區也有一些遠離政治，以文化娛樂為主的報紙，像《群強報》是一張登載戲報（戲劇廣告）及戲評為主的報紙。《時事白話報》是一張以低級趣味迎合小市民的報紙。《燕都報》以刊登白話小說為主。《大陸報》是刊登戲劇內容為主的文言報。《選報》是一份文摘報。

創辦於1916年8月的《晨鐘報》是一份研究系（即憲法研究會）的機關報，由梁啟超、湯化龍創辦，社長蒲伯英，聘請留學日本歸來的李大釗擔任主編。主要撰稿人有胡適、蔣夢麟、張申府等人。1918年9月被段祺瑞政府查封，同年12月復刊，改名為《晨報》。1919年2月李大釗重回該報，利用《晨報》宣傳馬克思主義和俄國十月革命。1928年6月《晨報》停刊。

北洋軍閥時期的歷屆政府一貫對報刊實行壓制、迫害、摧殘、收買的政策，在這種政治環境的壓迫下，北京的報界也出現了種種不良現象。由於軍閥、政客的威脅、利誘，使一些報人失去了職業道德和人格尊嚴，將辦報作為賣身投靠、賺錢牟利的工具；有的報人有奶就是娘，誰給錢就給誰充當喉舌；有的報人把辦報當成做官的敲門磚。

在軍閥的壓制下，文人辦報擔驚受怕。一些報紙的政論含混不清，不痛不癢。一部分報人陷入頹唐，變成專寫「鴛鴦蝴蝶」派作品的「專欄作家」。他們的作品以小說為主，內容涉及社會黑幕、娼門、言情、神怪、公案、武俠、偵探等迎合小市民趣味的東西。這類作品不僅在各家小報上氾濫成災，而且一些大報為了吸引讀者，也在副刊上連載。

　　當時北京地區還有50多家「鬼報」。有的「報紙」只印兩份，一份貼在「報社」門口，另一份送給出錢的老闆。所謂「報社」只是將一塊牌子掛在住宅門口，買上一令白報紙，到印刷所想辦法弄到另一種報紙排好的現成版面，換上自家報紙的報頭，印上幾張就完事大吉。這種鬼報實際上是一種搞詐騙行為的報紙。

　　有的報紙則搞所謂的《聯合版》，即由各報社長輪流主編，剪下當天各報的新聞送印刷廠排字房。拼版時先換上甲報的報頭與特載，印完甲報後再換上乙報、丙報、丁報的報頭與特載。當時北京的報館雖有上百家，但是不少報館既無機器，又無記者，只有一間房、一兩個編輯、一個雜役，靠剪別家的報紙編輯成報。

　　當時的報刊記者以傳聞為新聞，編造了許多憑空臆造的「消息」。「一人杜撰，萬報謄寫」也是普遍現象。一些報刊淪為軍閥政客打通電戰的工具；庸俗低級的社會新聞、穢淫穢盜的黃色新聞、矜奇炫異的黑幕新聞充斥報刊版面。利用報紙進行敲詐勒索的更是司空見慣。

報界宗師張季鸞：奉行「四不」主義。張季鸞（1888～1941）。張季鸞在主持筆政擔任《大公報》總編輯後，先聲奪人，在當時國內報界率先提出了著名的「不黨、不賣、不私、不盲」四不主義辦報方針。

　　民國建立以後北京出現了新聞通訊社。到了1917年先後創辦了民生通訊社、北方通訊社、華英亞細亞通訊社、新聞交通通訊社。1918年，著名報人邵飄萍在北京創辦了新聞編譯社，社址在南城珠巢街，業務主要是採編本國新聞和擇譯外電。每晚七時發稿，由工作人員騎自行車分送京城各報館，外地客戶則通過郵寄發稿，每天總有一兩件獨家新聞，受到各報的歡迎。到了1924年北京的通訊社發展到54家，比較著名的有時聞社、國聞社、復旦社、電聞社等。

媒體不能光追求盈利

　　政治大學傳播學院蘇蘅教授認為，媒體在新聞的選擇上常受到個人、組織、常規、社會和文化等多重因素影響。編輯選擇新聞時，需綜合考慮多重因素，其中又以正確性（常規）、合宜性（社會、文化）、價值性（常規）、政策性（組織、社會）、常規性（常規）等五個面向的考慮最為重要。

元智大學通識教學部主任王立文教授。

　　政大馮建三教授在第六十六期《目擊者》發表了名為《誰雇用誰，這是問題：中國時報的未來》的文章。馮建三教授就指出，科技無言，但經常成為諉過的對象或救贖的英雄。不時有人說，互聯網太發達，人們免費讀報更方便，因此不買報紙。如果這個說法是對的，中國大陸與印度在2003至2007年之間，報紙發行量增加了35%與20%，巴西、巴基斯坦等開發中國家，也是如此。在美國，報量是下跌，是在裁員，但大致報紙都還賺錢，有些是因為賺百分之十幾都嫌

太少,因此出賣報團或減少員工。科技變遷當然會讓報業在內的各種
商品市場產生變化,但臺灣的情況太離奇。中時是最近的例子。

即戰力是未來生存準則

根據2007年9月6日臺灣《工
商時報》報導,元智大學從去年
開始,針對大一新生開設「經典
五十」課程,經典五十的書目包
括:論語、孟子、易經、道德經、
莊子、孫子兵法、史記、唐詩、
紅樓夢、水滸傳、西遊記、三國演
義、西廂記、封神演義、浮士德、

1993年度畢業典禮,王立文教授
(右三)。

神曲、戰爭與和平、飄、異鄉人、齊瓦哥醫生、新約聖經、舊約聖
經、六祖壇經、金剛經等等中外經典。

王立文教授認為,經典五十列為必修通識課,依書的深淺難易度
分級,難讀的書算十點、其次五點、再其次二‧五點,學生從入學至
畢業階段集滿五十點,即可獲取必修課、經典五十的兩個學分。他認
為,經典研讀是最基本改善學生寫作、論述能力的方法。

王立文教授因為擔任元智大學通識中心教授兼主任,成了「經
典五十」的設計者與執行者。自從元智推出「經典五十」以來,在各
報章雜誌出現許多討論,在校園推經典的其實不是元智首先開始的,
不過,如此大規模地在校施行成為必修課,經典的範圍又不限於文藝
(國文),設計又十分精巧完備,確屬難得可貴,難怪引起這樣多討
論,在校園和社會都起了波瀾。

　　王立文教授表示，身為元智經典五十的關鍵人物之一，一方面有
繼承傳統的使命感，人間的好東西當然該傳下去，但怎樣活用經典更
是該關心的事。最近他一本一本地把經典活用的例子提出來，例如孫
子兵法的現代應用及從西遊記看即戰力的培養，就是希望學生汲取古
人智慧，活學活用，而不是抱著古書，食古不化，失去推動經典五十
的意義。

圖左：　元智大學第一屆碩士班畢業典禮，王立文教授（前排右二）。

圖右：　畢業時與元智創辦人徐有庠先生（左一）、蔣彥士先生（前排中）及徐旭
　　　　東先生（右一）留念合影（照片由古強校友提供，圖片來源：元智大學
　　　　網站）

　　王立文教授說，全球化時代許多企業或廠商因環境異動甚速，常
需一些有「即戰力」的人來應付變局，一個人若無即戰力，將來被雇
用的機會相對地減少，元智如火如荼地推動經典五十，要求學生熟悉
一些中外名著，西遊記就是最具代表性的一本，若以全新觀點來讀，
常會發現令人驚喜的收獲。

　　王立文舉例說，最近市面上有像「孫悟空是個好員工」之類的
書籍出現，書中把「唐三藏、孫悟空、沙悟淨、豬悟能」四人看成一
個團隊。一個團隊要生存、要成長，可能會歷程逆境，而即戰力就成
了不可或缺的，「大家想想，在唐三藏這個團隊中，誰的即戰力最

強？」王立文問過許多人，幾乎每個人都贊成即戰力最強的當屬孫悟空。

但即戰力是如何培養出來的？王立文說，翻閱這本古典名著，可以看到幾個重要因素，造就了即戰力，包括收集資訊、目光如炬、敢做敢當、彈性變化、行動迅速、廣交朋友、善用利器與專長、能立辨善惡、有挫折經驗、紀律緊箍咒等十大特點，青少年要有即戰力可向孫悟空的經驗學習。

發掘自身的多元潛力

在全球化發展的今天，臺灣媒體在經過戒嚴時代後，近二十年內快速發展，但與此同時，臺灣媒體也陷入相當混亂的局面。對於臺灣媒體發展的亂像，很多學者、媒體人和官員都希望找出答案。元智大學通識教學部部長王立文教授認為，此時也許沒有辦法就是最好的辦法，如果媒體人此時能夠加強培養自身的多元潛力，新聞傳播學院此時能夠好好思考新聞自由的真諦，善加利用。必須承認，此時臺灣可能確實不在順境中，那麼，臺灣需要靜下心來，發展全球化下對於臺灣有利的因素，這包括傳媒。

按照王立文教授的看法，媒體發展的過程中，新聞自由本身應該屬於新聞傳播專業和政黨、政府體制上協調的問題，如果媒體、政黨和政府能夠相互協調，不要過分把問題集中在新聞自由和媒體盈利上，因為從新聞自由和媒體盈利上來講，永遠沒有能夠兩全其美的方法。

媒體人在大學的培養，應該專業和通識教育兩項並重，將新聞傳播和資訊專業相互結合。這基本上是建立在新聞傳播的專業基礎之上的。在專業上更加深入，這只能增加學生的競爭意識，對於學生的多元思考並沒有太多的益處。

　　文人辦報是臺灣媒體和文化的寶貴財富，但現在卻在全球化和盈利的概念下變得非常被動。媒體必須保持一定的機制，吸納新鮮的媒體人進入媒體，而媒體人絕對不一定來自新聞傳播院校，大陸的媒體人很多都來自中文、歷史、政治、外語等專業，寫社論的還有來自建築專業。讓新鮮媒體人不斷進入媒體，讓老媒體人不斷加強學習，多做深入報導，而不是深度報料，這也許是臺灣媒體人的出路。

Vasily Perov於1868年所畫鐵路上的人們。

Vasily Perov於1868年所畫最後一班到城市的雪橇車（Последний кабак у заставы）。

臺灣社會的「在地化」痛苦[1]

　　在全球化大的意識形態前提下，「在地人」的思想一定與之劇烈摩擦，臺灣精英所推行的全球民主化一定受到「在地文化」的強烈抵制。馬英九現在的道應該是在全球化和「在地化」間建立溝通渠道，特別是在臺北官員和地方官員的溝通方式和方法上。

　　臺灣《商業週刊》第1095期發表發行人金惟純先生的一篇重量級文章，這篇名為《臺灣「大道行之」時代降臨》的文章，直接指出臺灣領導人的全局觀問題。臺灣前景的大勢和人心向背是「道」和

[1] 本文發表於香港《大公報》，2008年11月25日。

「術」，根據臺灣數十年的變化，蔣經國時代是「道術兼用」，李登輝時代則是「重術輕道」，陳水扁更為極端變為「有術無道」，馬英九按照現在的發展應該是變為「重道輕術」。

金惟純先生對於兩岸一直有著非常深入而且獨到的看法，在短短幾字間就將臺灣領導人的管理能力和傾向說清。臺灣發展進程中不止是「道」和「術」的問題，在全球化大的意識形態前提下，「在地人」的思想一定與之劇烈摩擦，臺灣精英所推行的全球民主化一定受到「在地文化」的強烈抵制，馬英九現在的道應該是在全球化和「在地化」間建立溝通渠道，特別是在臺北官員和地方官員的溝通方式和方法上。

廣州《南方都市報》對於美國問題的關注。

「公民運動」更趨包容

對於公民社會和公民運動相當重視的元智大學人文社會科學學院院長劉阿榮教授，在其《三民主義社會變遷理念及其發展》一書中就指出，意識形態在古希臘羅馬早已有之，但馬克思對於社會變遷與人類關係的闡述迄今為止是最深入的，人的觀念、想法、意識的產生與人的物質生產息息相關，而且與人的物質交易活動息息相關。因此人的「社會存在」決定了人的「社會意識」。這樣臺灣的全球化民主進程必須以臺灣「在地人」的思維為主體，但西方強勢文化並不一定尊重和吸收「在地文化」，這是臺灣的公民社會發展的主要障礙。

另外，劉阿榮教授在其主編的《華人文化圈的公民社會發展》一書中也指出，臺灣民主化發展儘管不快，但可以算是相當溫和。在八零年代前後，臺灣風起雲湧般出現各種社會運動，這其中許多可以被視為「公民運動」，但其屬性上仍然是「被動員的」、「缺乏討論的」、「欠缺包容和尊重的」。最近的若干「公民運動」則增加了自主性、直接參與、理性討論和尊重包容的精神，因此被賦予「新公民運動」。「新公民運動」則主要分為：審議式民主、公民論壇、示威遊行、公民投票。

民主化進程受阻礙

臺灣的公民運動應該屬於全球化進程的一部分，而全球化中的民主價值應該是其中的一部分。整體來講，對於大陸和臺灣，這些都是舶來品，如何把這些價值具體落實下去，則是首要問題。在落實的過程中，地方官員和民眾則是主體，如果民眾對於這些價值視

而不見，只是在自己遇到困難時才會想起這些普世價值，那就為時已晚，而地方官員為了地方利益，不擇手段來消費全球化和民主價值，這樣就會產生任何有意義的事件經常是當天就被媒體和民眾「消費」完結。

最近在臺灣非常火爆的電影《海角七號》則完全展示了在臺灣的風城屏東的變化。影片主人公在臺北無法發展，回到老家之後，也只是個郵差，自己喜歡的專業完全無法運用。因為在全球化和部分民主化後的臺灣，每一個縣市為了發展，經常是大家齊伸手向領導人要預算，完全沒有先後的概念，結果是一個概念經常被過度使用，沒有整體的效應。比如香港由於土地有限，樂園只有兩個，但品牌效應非常好。臺灣的樂園和休閒農莊遍地開花，並且常處在交通非常不方便的地方，這樣大量的外地觀光客更無從下手玩起。

臺灣官員的本土思維，已經完全影響到全球化在臺灣良性發展的效果，而且在民主化進程中，臺灣民眾的團結觀念集體喪失，在面對問題和困難時，抱怨成為主軸。現在可以看出，臺灣地方官員對於來自臺北方面的各種行政命令的理解非常有問題。

臺灣在公民運動、全球化、民主、自由等相關問題上遇到的問題和大陸是一樣的，就是如何落實。大陸官員常常不適應全球化，但很會內鬥，常常是以國家穩定的名義來制止任何的改變，而且最讓人難以忍受的是這些官員還要為了分享部分改革人士所創造的財富，而想出各色各樣的規定，直接切割改革果實。臺灣在民主化過程中，臺北和北部的縣市一直是希望加快民主化進程，但在南部則人才完全缺乏，即使是給錢，也是錢進當地不同政治人物的口袋中，真正用於發展很少。

《南方週末》對於中國官僚單位的圖片理解。

本土思維需要革新

其實在大陸的媒體同樣有「在地化」的問題，如大陸重量級評論報紙《南方週末》一直在全球化最全面的廣州發聲。《南方週末》是否就完全倡導新聞自由呢？其實不然，《南方週末》在很大程度上是

「在地化」後的聲音，這種「在地化」就是反映了來自廣東和福建的聲音，對於中國大陸而言，廣東和福建一直就是非常特殊的省份，尤其是廣東。

《南方週末》在某種程度上反應的是一種來自廣州「在地文化」後的多元文化的聲音，這種聲音是大陸寶貴的財富，即使是在很大程度上官員不太喜歡。其實廣東的官員更不喜歡這樣的聲音，但是在廣東越是基層的官員包容度越大，因為不如此，那麼很快這些官員的惡行就會在頭版出現。

臺灣在全球化和民主化過程中，如何在民主化框架下自然加入「在地化」進程，是未來馬英九政府面臨的主要挑戰。臺灣官員經常把「在地化」執行為沒有全局觀和自肥。

Mikhail Aleksandrovich Vrubel於1894年所畫的玫瑰花與黃玫瑰花（Розы и орхидеи）。

中俄不可能再結盟[1]

俄羅斯可能會改變過去對西方投資者全面開放的局面，改而局部回到關閉時代，同時，在經濟上或軍事合作方面也不可能和中國結盟。只是在美俄關係出現較大矛盾的情況下，中國將是得益者。

中俄兩國在21世紀初面臨著一個是否需要結盟的問題，但無論從經貿還是民族感情上來講，都是相當渺茫的，但中國將從俄羅斯戰略發展上取得部分利益。

Alexey Gavrilovich Venetsianov所畫收割者（Жнецы，Reapers）。

---

[1] 本文發表於新加坡《聯合早報》2000年1月30日。

結盟的可能性很低

上個星期，中國國防部長遲浩田對俄羅斯進行了三天的正式訪問，在訪問期間，遲浩田與俄羅斯臨時總統普京商討了有關中俄兩國軍事合作和武器交易的問題，中俄兩國這些年來熱絡的官方交往使大眾與部分媒體有了這種想法：中俄兩國是否會從一般的合作夥伴關係轉為聯盟關係的想法。

其實只要在俄羅斯居住上一段時間的人，就會體會到中俄關係那種「上熱下冷」的感覺，所謂「上熱下冷」即官方關係熱絡，而民間冷淡，中俄兩國建立聯盟關係的內外部條件可以說是與人們所想像的相去甚遠。

首先，我們經常談到中國每年要向俄羅斯進口大批武器，這些武器交易大面積地促進了兩國關係的發展。但事實情況卻是：在俄羅斯媒體報導中，俄羅斯對自己充當中國武器供應者的角色是滿腹牢騷；而中國對俄羅斯出售武器的方式也並不滿意。

按照俄國人談判的習慣，俄方總喜歡表示關切：你們買這些武器是用來做什麼的？你們是否要自行研發後就不買了？對於這些問題，

當然中方會常處於哭笑不得的境界，認為俄方既想多賺錢，又想完全保留技術是十分可笑的。然而，俄方對於中國現在正處於武器換代的情況同樣也是瞭若指掌，俄方的原則即是：如果大量的武器系統賣便宜的話，系統的配件則價高驚人，也因此，俄式武器的價格總體上並不比美式便宜。

中俄兩國的經濟關係實際上正處於未成熟的發展階段，中俄兩國自從恢復正常雙邊關係以來已有11年的歷史了，但兩國貿易關係中的個人貿易卻還佔據主要地位，而現在俄經濟正處於潛伏期，大部分商人都在等待俄經濟的好轉，屆時大賺一筆後回國或是到第三國。對於占大部分中俄貿易的個人貿易，俄羅斯並沒有加以法律規範，這可謂是耶爾辛本人的一項敗筆。據筆者從前內務部的官員瞭解到，耶爾辛本人只對中俄的大宗貿易感興趣，卻不重視這些從事個人貿易的商人的存在。而兩國大宗貿易除了武器與原材料外，其他方面貿易成交率則是數倍低於美國與西歐。那麼，中俄兩國若是結盟，其兩國的經濟基石可謂是相當薄弱的。

俄羅斯是大沙文主義的發源地，俄羅斯對中國人與中國所取得的成就是否認同呢？事實上，俄羅斯對俄羅斯以外的外種族人都存在或

俄羅斯的白楊-M導彈是突破美國反導系統的利器。

多或少的歧視，如現俄杜馬中「右翼聯盟」的一位第二號人物——女議員哈卡瑪姐，由於父親是日本人，所以，在其本人成長的過程中，老師經常對他的名字不屑一顧，她小時上廁所時，被同學欺負：哈卡瑪姐與狗不准入內。所以，俄羅斯人對待同操俄文的本國人民尚且如此，更何況是外國人了。

俄經改將使中國受益

現在俄羅斯正面臨著要民主還是要麵包的選擇？因為俄式民主並不會給人民帶來任何經濟成長，只能使人民更加渙散。

對於這點，俄國代總統普京早有認識，在杜馬的這次危機中，代表普京的統一黨與俄共的聯合絕不是偶然現象，這代表了普京今後的施政方向，俄羅斯在立法與經濟改革上將向國家計畫下的自由經濟過渡。如不是普京要應付總統大選，避免自拔椿腳，才沒有讓央行行長葛拉申科施行讓大企業賣出手中全部美金，把盧布變為不可自由兌換的貨幣的措施。如果西方貸款無法準時到位的話，央行實施的這步險棋是普京遲早要走的，畢竟俄羅斯在歷史上都是閉關發展成為沙皇或蘇聯帝國的，這同時也是美國最擔心的，屆時，美國將無法掌握俄羅斯這匹脫韁野馬。

另一方面，普京已提出修改有關核武方面的法律，並加強國家對企業媒體的控制。這樣，普京將執行一套真正全面自主的內外政策，而這也將與西方產生一些摩擦，並使耶爾辛與西方的蜜月期畫上句點。

普京對於美俄關係將執行「爭而不撕破臉」的政策，這將為經常陷入低潮的中美關係帶來好處。中國與美國在經濟上有著許多共同的利益，但在政治上的爭執常會影響經濟上的發展。而美俄關係相對複

2008年12月3日，在比利時首都布魯塞爾，北約祕書長夏侯雅伯在北約外長會議結束後的新聞發佈會上發言。為期兩天的北約外長會議當日在布魯塞爾北約總部結束。會議發表公報，敦促俄羅斯恢復執行《歐洲常規武裝力量條約》，希望俄羅斯與北約及該條約其他簽字國一起維護該條約。（圖片來源：新華社）

2008年7月9日，在位於比利時首都布魯塞爾的北約總部，阿爾巴尼亞外交部長盧爾齊姆‧巴沙（左）、克羅地亞外交和歐洲一體化部長戈爾丹‧揚德羅科維奇（右）和北約祕書長夏侯雅伯在簽字儀式結束後出席記者招待會。北約各成員國代表當天在北約總部簽署了阿爾巴尼亞和克羅地亞加入北約的議定書，從而使兩國的入約進程邁出了關鍵一步。（圖片來源：新華社）

雜許多。在政治上，美俄雖然同樣具有民主制度，但彼此都將對方視為潛在敵人，尤其美國則藉北約東擴，撩撥烏克蘭，染指中亞地區，以達遏止俄國擴張的目地，而俄羅斯現在正著力於恢復經濟，欲成為名副其實的區域強權。在經濟上，由於俄羅斯人具有大俄羅斯主義，

因此他們見不得外國投資者在俄國賺錢，使得美國與俄國在經濟上的
交會點甚少，美俄關係的緊張反到為中美的緊張關係帶來緩衝，普京
的經改將是恢復俄羅斯強國地位的第一步，而俄羅斯的復蘇又會使世
界部分區域緊張和緩，屆時中國將會從中受益。

Viktor Mikhailovich Vasnetsov所畫聖象。

Viktor Mikhailovich Vasnetsov所畫弗拉基米爾王子受洗（Baptism of Saint Prince
Vladimir.）。

俄國媒體運營體制轉型的軌跡[1]

　　自從蘇聯解體、俄國民主化之後，俄國媒
體的運營體制發生了根本變化。與此同時，俄
羅斯政府部門、媒體經營者和媒體編輯記者之
間的互動也在過去十多年的政治社會演變中扮
演了重要角色。俄國的傳媒不但報導了俄國政
治經濟改革的真實情況，而且自身也成為政治
家和金融家爭奪的對象。在政治體制轉軌的過
程中，新生的俄國大眾傳播體系不斷遭到政府
機關與各方政治勢力的強硬介入，致使媒體的
專業活動受到了許多不合理的牽制，甚至是不
合法的干涉。與此同時，媒體經營的模式從國

戈巴契夫的《改革與新
思維》中文版本，出版
規格比較低。

有化快速轉型至私有化與市場化，也直接衝擊了大眾傳媒的生存，然
而這卻是俄國傳媒追求新聞自由和獨立自主之際，首當其衝且不得不
面臨的殘酷處境。在葉利欽執政末期至普京當權期間，俄國政府不斷
加強主管機關──新聞部與作為媒體資源領導集團的「全俄羅斯國家
電視廣播公司」在傳播體系中的主導地位，一方面制定相應整合的資
訊傳播政策，另一方面消滅金融寡頭的媒體經營勢力，同時卻讓國營
天然氣和石油工業集團的資金大量介入媒體事業。目前，這種政府干
預逐漸演變成為一場電視媒體經營執照權的資訊資源爭奪戰，俄羅斯
媒體正在由卡特爾壟斷性質的媒體向國有公共服務體制轉變。

---

[1] 本文發表於《當代中國研究》，2006年。

全俄羅斯廣播電視公司網頁，該公司為俄羅斯國家所有的商業公司運營，公司擁有六個電視臺，兩個電臺。該公司運行不十分有效，但非常重視俄羅斯國家形象。（ВГТРК - крупнейшая медиа-корпорация России-Всероссийская государственная телевизионная и радиовещательная компания (ВГТРК) была образована Постановлением Президиума Верховного Совета Российской Федерации от 14 июля 1990 г. Спустя несколько месяцев после подписания постановления, в эфир вышло "Радио России", а 13 мая 1991 г. началось вещание телеканала РТР, который с 2001 года стал называться "Телеканал "Россия"". Сегодня "Телеканал "Россия"" -- ведущий национальный канал, вещание которого покрывает практически всю территорию страны. Аудитория канала - 98,5 процента населения России и более 50 миллионов телезрителей в странах СНГ и Балтии. Международную версию "России" -- канал "РТР-Планета" -- смотрят жители Европы, Ближнего Востока, Северной Африки и США. Профессионализм менеджеров и журналистов "России" заслужили признание коллег-конкурентов: на первой церемонии вручения призов "ТЭФИ" в 1995 году, главная информационная программа телеканала -- "Вести" -- была признана лучшей на отечественном ТВ. С тех пор программы и новые проекты "России" ежегодно возглавляют списки лауреатов профессиональной телевизионной премии страны. Экранизация классических произведений русских писателей - "Идиота" Достоевского, "Мастера и Маргариты" Булгакова и "В круге первом" Солженицына собрали рекордную зрительскую аудиторию, сформировав новые высочайшие стандарты в области производства телефильмов.）

「黨管媒體」制度的解體

在前蘇聯以及俄羅斯的政治體制轉軌過程中，媒體與政府的互動關係引起了傳播研究者和社會其他各界人士的密切關注。

蘇聯在戈巴契夫時代已經開始放鬆共產黨國家對媒體的傳統管制。前蘇聯出版部部長米・費多托夫參與制訂的前蘇聯《出版和其他大眾傳播新聞媒體法》就是在蘇聯解體前夕由前蘇聯最高蘇維埃通過的。《出版和傳媒法》在法律上徹底改變了原有的「公有國營廣播電視制度」。該法律承認新聞工作團體有成立媒體公司的權利，並宣佈每個編輯部都是獨立的法人，這意味著那時新聞傳播媒體已經獲得了部份的自由和權利。該法律的缺點在於沒有明確規範新聞媒體在經濟發展中所應負的義務和如何利用來自國外的投資，以及國家如何管理媒體的金融運作[2]。前蘇聯解體之後，俄羅斯聯邦繼續執行1991年前蘇聯通過的《出版和傳媒法》。俄羅斯聯邦於1992年成立了「印刷委員會」和「廣播電視委員會」，管理印刷媒體和廣播電視媒體。

俄羅斯《消息報》新聞發佈室（Медиа-центре "Известий"），2009年3月4日討論題目為：梅德韋傑夫年前進的方向？（Год Медведева: что впереди?）。

---

[2] 吳非，《二十一世紀》（香港），2003年第4期。

　　在上述《出版和傳媒法》尚未通過的1990年，葉利欽的媒體改革總顧問波爾托拉寧在有關「辦人民的電視」的檔中就提到：為了適應民主改革，俄羅斯需要建立一個完全新型的電視公司，其設想是要與蘇聯民眾熟悉的蘇聯國家電視臺競爭。葉利欽積極採納了這一建議，並在兩次電視採訪中解釋道：它應當是另一種電視，它應當維護社會的利益，對政府進行批評，並對政府及最高層官員的事件進行公開的報導[3]。葉利欽一直認為，報刊、電視對於自己的忠實是某種客觀事實，他認為媒體的忠誠是對他在1991年8月所作的貢獻的自然回報。但葉利欽不信任一些有影響的著名記者，葉利欽認為他們曾經為戈巴契夫賣過力，疑心重重和猜忌心強明顯害了葉利欽，但他無法克服自身的缺點[4]。

　　在俄羅斯政府高層爭奪最高權力與擴充政治版圖的競賽中，控制媒體經營權或限制媒體活動是政治鬥爭中的重要手段。俄羅斯傳播研究者亞仙・紮蘇爾斯基認為，俄羅斯媒體是葉利欽登上權力高峰的主要工具，而爭取一個屬於他權力掌控之下的電視頻道是葉利欽長久以來所希望達成的願望[5]。1991年5月，當時擔任俄羅斯聯邦最高蘇維埃主席的葉利欽與當時的蘇聯總統、蘇共中央總書記戈巴契夫進行了激烈談判之後，葉利欽終於成功地為俄羅斯聯邦爭取到開播第二頻道《俄羅斯廣播電視臺》（俄文簡稱PTP）的權利，這立刻扭轉了蘇聯時期《奧斯坦丁》廣播電視公司一家獨大的媒體壟斷局面[6]。

---

[3] О・波普佐夫：《沙皇侍從驚醒》，莫斯科，2000年版，第101-102頁。

[4] 格・薩塔羅夫、雅・利夫希茨、米・巴圖林、格・皮霍亞等著，高增訓等譯，《葉利欽時代》，2000年版，第607頁至608頁。

[5] ЗАСУРСКИЙ И. Я. МАСС-МЕДИА ВТОРОЙ РЕСПУБЛИКА, МОСКВА: МГУ, p.141.

[6] ibid., p.142.

莫斯科市的新年和外交部門前的聖誕樹。

1991年8月之前，在民主派中間經常聽到這樣的議論：把電視、廣播、報紙給我們，我們就能提高人們對改革的支援度。蘇共發動的「八月政變」失敗後，大眾新聞媒體充滿了民主主義的奢侈安樂和被勝利衝昏頭腦的情緒。前蘇聯出版部部長米・費多托夫在自己的回憶中談到：在那個時期，中央政府為減少保守的州和邊疆區地方報紙的影響，出版部曾說服葉利欽計畫出版幾十種到地方發行的報紙，並準備與新聞工作者團體一起合作創辦這些

該書對於中國媒體的發展有詳細描述。

報紙。但許多報紙在初創時期行事草率倉促，既未做市場調查，也沒有制定經營計畫，結果一兩年之後這類報紙便消失得無影無蹤。事實上，長期習慣於社會主義體制的官辦媒體從業者往往只會完成上級的政治任務，而在經濟管理上毫無頭緒。

1993年3月20日葉利欽簽署了第377號《關於保障新聞穩定和對電視廣播要求》的總統令，總統令對於新聞市場、自由觀點、新聞平衡、職業責任、電子生態、資訊保護等分別提出具體要求。總統令中還強調：大眾新聞媒體和權力機關在其相互關係中應遵守《大眾新聞

КУСТОДИЕВ Борис Михайлович於1915年所畫的涅瓦河畔的大詩人普希金（A.C.Пушкин на набережной Невы. 1915）。

媒體和人權宣言》（歐洲委員會憲法大會1970年第428號決議）、《廣播電視管理原則》（歐洲委員會議會大會1975年第748號建議）、《大眾新聞媒體與議會關係原則》（歐洲委員會議會大會1984年第820號決議）。這一總統令的簽署主要是葉利欽與最高蘇維埃之間在電視問題上激烈鬥爭的反映。該命令加強了電子媒體獲得獨立的法律基礎。

當時，葉利欽理想的媒體模式是美國式的商業化經營模式。但前蘇聯出版部部長費多托夫認為，民主派的政治領導人對媒體依然有很多舊式思維。例如，葉利欽本人受的是前蘇聯制度的教育，並接受了帶有舊官僚式的新聞觀念，即新聞就是集體鼓動者、集體宣傳者和集體組織者。葉利欽擔任過蘇聯共產黨的高級幹部，他非常清楚如何讓新聞記者扮演「黨的助手」的角色。他擔任蘇共莫斯科市委書記時，對報界的態度就是，必須由他決定在莫斯科的媒體上刊登什麼，而且只能登他認為重要的東西。民主化之後，葉利欽對於大眾傳播媒體仍然會表現出家長式的態度，確切地說是父親式的態度。普金擔任總統以後的媒體政策也明顯地有管制操縱新聞報導的痕跡。

由於俄羅斯聯邦繼承了前蘇聯的債務，又未能從西方國家獲得經濟改革所必需的巨額資金，政府無法在財務上支撐媒體的轉型。正是在這樣的背景下，市場化過程中崛起的新型金融寡頭趁虛而入、經營媒體，並開始干預政府政策的制訂，使《出版和傳媒法》無法正常執行。

媒體民營寡頭的興起和媒體運營模式的轉變

　　全球傳播在第二次世界大戰後快速成長。跨媒體之間的資源整合通常採用建立卡特爾的形式。在一般情況下，西方國家的媒體由於受限於反壟斷法，普遍採用隱蔽式的卡特爾；俄羅斯媒體由於前蘇聯的解體而提前進入卡特爾壟斷時期，這屬於非商業性質的卡特爾，俄羅斯媒體之間建立卡特爾的目的在於獲得其自身所需要的政治利益；中國媒體則由於缺乏類似的法律限制，媒體之間普遍採用公開性質的卡特爾[7]。

圖左：該教材是中國大陸五十年代唯一的一本新聞教材。
圖右：蘇聯黨史的唯一標準版本。

---

[7] 趙曙光、史宇鵬，《媒介經濟學》，湖南人民出版社，2003年，255頁。

　　寡頭媒體之間建立卡特爾形式以獲取利潤或資源的前提條件為：

一、寡頭媒體建立的卡特爾必須有能力不致引起來自其他媒體的挑
　　戰。寡頭媒體在建立卡特爾之後，由於資源的集中而使成本及廣
　　告費上升，其他競爭對手可借機趁勢而入，使大家的競爭壁壘普
　　遍降低。

二、寡頭媒體建立卡特爾之後，媒體市場的整體需求面的彈性降低。
　　寡頭媒體建立卡特爾的目的在於進一步控制市場，當市場需求下
　　降時，卡特爾可以增加向受眾出售廣告資訊的數量，此時媒體市
　　場的彈性空間往往變得更加脆弱，媒體卡特爾的收入反而下降。

三、在成熟的市場經濟國家中，政府出於保護媒體競爭的考慮，往往
　　對卡特爾實行嚴厲懲罰，只有當政府的懲罰門檻相對較低時，寡
　　頭媒體才會試圖建立卡特爾。

四、相對於所得利潤來講，寡頭媒體組織和執行卡特爾協定的成本必
　　須較低。如果組織成本和執行協定的成果過高的話，卡特爾顯然
　　難以形成，市場中的媒介數量越多，新建立的卡特爾越難獲得預
　　期利益。

五、寡頭媒體所達成的卡特爾協議、包括卡特爾之間的非公開性協議
　　必須易於執行。媒體卡特爾通常對市場生產、傳播資訊產品數量
　　或價格進行限制。任何一個卡特爾中的媒體如果要祕密執行非協
　　議的商業行為，就會破壞卡特爾整體的利潤獲得，同時卡特爾之
　　間的競爭經常會觸犯國家利益，這會招引政府對卡特爾的整頓。

　　前蘇聯解體後，國家與傳媒的關係發生了根本性的變化，俄羅斯
聯邦的媒體由國家一手控制的局面不復存在，大眾傳媒開始正式走向
自由化、股份化、私有化、財團化和卡特爾化，政府則通過立法為媒
體的發展提供法律保護。

　　在俄羅斯聯邦成立初期的3年間，由於經濟發展滯後，間接導致俄
羅斯的國家力量幾乎全部撤出媒體。在報紙方面，屬於政府的報紙僅
剩下《俄羅斯報》和另一份僅在內部發行、屬於總統辦公廳的《俄羅
斯訊息報》。原有的兩大中央電視臺社會電視臺和俄羅斯國家電視臺
中，僅剩下後者仍歸政府管理，但由於政府撥款不足，俄羅斯國家電
視臺的許多節目質量欠佳，收視率經常落後於社會電視臺和一些商業
電視臺如獨立電視臺和「第六電視臺」等。在廣播電臺中，國家僅控
制著3個廣播電臺，即俄羅斯臺、俄羅斯一臺及燈塔臺。俄羅斯臺的收
聽率為23.7％，俄羅斯一臺為2.3％，燈塔臺不到1個百分點。

俄羅斯年輕人的組織納什的遊行隊伍，該組織現在支援普京。

　　政府全面退出大眾傳媒之後，由於缺乏資金來源，媒體經過了一段短暫的陣痛期，這段陣痛期大約從1992年底一直持續到1994年底。1995年後俄羅斯的媒體基本上形成了三足鼎立的局面，即代表過去的國營企業的國家天然氣集團與代表企業改革派的歐耐克希姆銀行集團為一方，另一方為支持莫斯科市政府的橋媒體集團，最後一派就是自成一體的別列佐夫斯基所擁有的媒體。

　　別列佐夫斯基1993年投資《獨立報》時，該報正陷於嚴重財政危機而不得不面臨停刊的窘境。別列佐夫斯基聯合當時《獨立報》的總編輯特里基雅科夫，把一些《獨立報》的記者派到歐洲進行短期培訓，然後再把足夠的資金注入《獨立報》，於是這份報紙又重新以嶄新的面貌站立起來，基本上仍然堅持其一貫的前衛、辛辣的作風。在俄羅斯具有百年歷史的《星火》雜誌同樣也有別列佐夫斯基的投資。該雜誌同樣在1993年遇到危機，葉利欽總統辦公室主任由馬舍夫曾任該雜誌編輯。通過注入大量資金，別列佐夫斯基開始進入俄羅斯最大的電視臺社會電視臺。最初，別列佐夫斯基金僅擁有該電視臺2％的股份，但他成功地登上了該電視臺董事會主席的寶座。此後，他通過自己手下的財團不斷沖抵電視臺的虧空，到1995年，別列佐夫斯基已基本控制了這家俄羅斯最大的電視臺。

　　橋媒體集團主要是由橋銀行老闆古辛斯基一手創辦。古辛斯基完全以美國的傳媒經營模式來塑造一個屬於自己的媒體。雖然橋媒體在1996年總統大選後得到葉利欽的大力支持，但其立場與2000年新任總統普京的強國政策相去甚遠，這也是橋媒體後來走向滅亡的原因。由於古辛斯基與當時主管俄羅斯新聞事物和政策的波爾托拉寧關係密切，波爾托拉甯於1994年將國家電視臺的第四頻道讓給古辛斯基經營的獨立電視臺，開始了「獨立電視臺」與第四頻道的教育電視臺共用頻道的局面。起初，獨立電視臺只在晚上7點之後播出約3小時的節

目，其創辦人基辛廖夫所主辦的「總結」節目，最初是在聖彼德堡第五電視臺播出，每天也只有1個小時。獨立電視臺後來逐漸成為俄國一個頗受歡迎的媒體。

1993年，古辛斯基創辦了一份綜合政論型報紙──《今日報》。《今日報》最初的報業人員都來自《獨立報》，這使得《今日報》聲名顯赫，但由於主編奧斯塔爾斯基一直無法突破集團利益的障礙，《今日報》一直無法突破發行量10萬份的大關。接任的總編輯別爾戈爾將《今日報》的內容、風格轉向經濟方面，《今日報》的從業人員也換成《每日商報》的編輯，發行狀況有所改善。1996年，古辛斯基又聯合美國的《新聞週刊》創辦了《總結》雜誌，《總結》雜誌以豐富的內容、精美的畫面和便宜的價格迅速佔領了俄羅斯一部分雜誌市場。但由於該雜誌的文章中用了過多的西式語言，使得讀者產生了不適應的感覺，最後《總結》的影響力一直停留在俄羅斯中產階級的範圍內。古辛斯基還一手創建了對俄羅斯政治影響力最大的回聲電臺，至今回聲電臺還是莫斯科地區最有影響力的廣播電臺。

代表國營企業的國家天然氣工業集團也逐漸建立了屬於自己的媒體帝國。1997年以前，國家天然氣集團總裁韋辛列夫背後最大的支持者就是前政府總理切爾納梅爾金。國家天然氣集團控制著俄羅斯的第一大報《消息報》，以及《勞動報》、《先鋒真理報》等。在言論上，該媒體集團一般都傾向於為政府的政策保駕護航，在經營上則重投資而疏於管理，這與前兩派媒體的特點形成了鮮明的對比。

代表企業改革派的歐耐克希姆銀行集團基本上是將媒體作為進入政府的墊腳石。該集團總裁波塔甯在成功地經營《專家》雜誌和《每日商報》等媒體後，便躋身政府，成為俄國有史以來第一位擔任副總理的銀行家。1998年俄羅斯金融風暴發生後，該派媒體的影響力逐漸式微。

年輕人遊戲中的克里姆林宮。

俄羅斯網路電視臺採訪大胸部女人。

普京的真正面目對於西方來講始終是個謎。

民營媒體的興起也帶來了媒體運營模式的轉變。以電視業為例，它在90年代的轉型期間凸顯了4個特點：

　　首先，節目內容多元化。獨立電視臺率先採用SNG（衛星直播轉播車），對重要新聞採取直播方式。莫斯科大學新聞系也採用多種方式來培養學生在現場新聞采寫直播中的各種應付能力。俄羅斯國家電視臺的「黑與白」節目的攝影棚就設在莫斯科大學新聞系的二樓，學生下課後可直接參加節目的錄製。筆者就曾以觀眾的身份觀看了該節目，當時節目主要是採訪新聞系系主任紮束爾斯基。衛星電視臺的出現使電視節目變得豐富多彩。例如，俄羅斯與美國成立的「宇宙電視臺」屬合資媒體，該臺主要轉播西方的新聞臺與電影臺的節目；1996年獨立電視臺開設了4個衛星電視臺，它們分別為電影臺、俄羅斯老電影臺、體育臺、新聞臺，其中新聞臺的影響面最大，該臺可以在美國、以色列及西歐各國同步收看。

　　其次，製作方式多元化。俄羅斯各大電視臺普遍改用製片人制度，整個節目的製作與發行都由製片人主持。

　　再次，觀眾分佈多元化。俄羅斯的電視觀眾逐漸分化，因此電視節目的內容也開始面向不同的觀眾群體，有面向全國觀眾的節目，有面向特定地區觀眾的節目（如靠近高加索地區的觀眾所收看的節目有一定的特殊性），還有面向本地觀眾的地方性節目（這批觀眾以看有線電視為主）。

　　最後，電視臺所有制多元化。國家、民營電視臺同時存在，非國家經營的電視臺主要包括私營、社會合資的有限公司及無限公司等形式，還有如「綠色和平組織」、以研究性質為主的媒體組織（如「公開社會基金會」）等非政府組織的媒體。

Apollinary Mikhailovich Vasnetsov所畫去克林姆林宮的道路。

普京整肅媒體寡頭並建立「國有公共服務體制」

　　蘇聯解體之後，媒體寡頭通過與政治領導人的合作曾一度在政壇上十分活躍，其中最典型的例子之一是古辛斯基。葉利欽在執政的後半期才認識到寡頭控制媒體對國家的影響。1998年5月8日，葉利欽以總統令的方式宣佈以俄羅斯國家電視臺為基礎成立以國家股份為基礎的媒體國家壟斷集團，它包括俄羅斯國家電視臺、俄新社和遍及88個行政區、自治共和國的地方電視、技術轉播中心。這一總統令的頒佈表明，俄羅斯聯邦政府開始逐漸收回自前蘇聯解體之後各大電視臺獲得的新聞自由權利，中央與地方共同建設新聞媒體的構想逐漸形成，而民營的媒體如獨立電視臺、第六電視臺等則繼續獨立運營。

俄羅斯娛樂業尺度相當開放。

以1996年為分水嶺，古辛斯基對俄羅斯政壇的影響主要分為兩個階段。

從蘇聯解體後到1996年，
古辛斯基與其他合夥人一起創
辦了橋銀行，又與莫斯科市市
長魯日科夫建立了合作關係，
這使得橋銀行的業務得以迅速
遍及全莫斯科市。與此同時，
古辛斯基與以色列以及美國的
銀行家建立了廣泛的聯繫，使

改版後的《理論與事實報》。

橋銀行再上一個臺階，一躍成為國際知名的大銀行，古辛斯基也成為
持有俄羅斯及以色列兩本護照的銀行家。1996年，古辛斯基以漸進的
方式開始參與俄羅斯的政治。由於俄羅斯人對俄裔猶太人的印象不太
好，古辛斯基起初隱藏在政壇的幕後，以避免不必要的誤會與爭執。
待時機成熟後，他於1996年組織成立了「俄羅斯猶太人代表大會」，
親自出任代表大會的主席。他成立這個「代表大會」的主要意圖是為
了團結俄羅斯境內零散居住的猶太人，同時也可與海外的猶太人建立
廣泛的聯繫。

　　自1996年到2000年，古辛斯基把橋銀行的管理權交予他人，開
始籌組他的媒體帝國。他夢寐以求的目標是既控制克里姆林宮與社會
之間的資訊傳遞，又發揮媒體對政府的監督作用；這樣，無論誰當總
統或誰想當總統，古辛斯基的話將會有一言九鼎的作用。到2000年，
古辛斯基已建立了一個涵蓋電視、廣播、報紙、雜誌與互聯網的媒體
「帝國」。在他的媒體「帝國」中，電視以獨立電視臺、獨立衛星電
視臺為主，雖然這兩個臺的信號發射面不能像俄羅斯國家電視臺以及
社會電視臺那樣，遠達全俄偏遠地帶，但獨立電視臺與獨立衛星電視
臺以精采的電視節目吸引了主要都市將近2千萬觀眾，他們遍佈各階
層。此外，古辛斯基的「莫斯科回聲電臺」也是一個莫斯科市民必收

聽的政論廣播臺。他的《總結》雜誌與《今日報》也得到俄羅斯白領階級的青睞。在俄國傳媒界，橋媒體職員敬業的精神成了其他媒體學習與競爭的對象。

2000年，古辛斯基曾出席克林頓夫婦為美國民主黨所舉辦的籌款餐會，坐在克林頓夫婦的斜對面，並且在克林頓致詞後也發表了講話。由此可見古辛斯基在美國的知名度，橋媒體集團一度成為美國影響俄國政壇的一個橋樑。然而，正當古辛斯基一步一步地走近自己的目標，取得越來越大的成功時，這位從葉利欽時代開始，一直是克林姆林宮好夥伴的猶太裔媒體寡頭大亨卻遭到了俄羅斯總統普京的徹底清算。

普京登上俄羅斯總統的寶座之後，一方面以司法訴訟的手段來對付媒體寡頭，另一方面讓國營工業能源財團兼併大型商業媒體，這一兼併最後演變成為電視媒體營業執照權的爭鬥。

普京對媒體的整頓從2000年5月份就開始了。在此過程中，一浪高過一浪的法律追訴與調查令人眼花繚亂，非常典型地反映出俄羅斯政界整人的特性：穩步展開，但力道會越來越猛，直至對手投降為止。

2000年5月11日，普京就任俄羅斯總統後的第三天，俄羅斯國家稅務員警以偷稅漏稅為名，搜查了古辛斯基所擁有的俄國最大媒體壟斷集團之一的橋媒體總部的4個機構，並於5月13日逮捕了擔任該集團總裁的古辛斯基。這是普京整頓寡頭媒體計畫的開始，具有投石問路的味道。6月12日，俄羅斯最高檢察院扣留了古辛斯基，此舉在俄羅斯引起了巨大反彈。儘管不久之後古辛斯基被釋放，但對橋媒體涉嫌經濟違法的指控並未撤銷。後來普京發現，俄羅斯社會上站出來保護橋媒體的只是一些右翼人士而已，於是他對俄國的猶太裔群體採取了一拉一打的兩手策略，把古辛斯基與一般猶太裔區分開來，對俄國的猶太人採取開明政策，不反對猶太人的宗教信仰，但對已參政的古辛斯基則採取堅決依法處理的作法。

　　普京之所以要不惜一切代價地處理古辛斯基，是因為他認為古辛斯基的媒體在俄羅斯已嚴重地威脅到政府及政策的制定。而身為前國家安全局局長的普京深知，這些靠前蘇聯解體而發家的寡頭們的淘金史沒有一個是乾淨的。古辛斯基以前在莫斯科周邊城市圖拉開計程車，能在短短的幾年內一躍而成為媒體大亨，自然有種種把柄，整肅他並非難事。俄國總檢察院因古辛斯基於當年11月受傳訊而未出庭，對他發出了國際通緝令，結果古辛斯基於2001年12月在西班牙遭當地警方拘捕。

曾於1909-1930年間，在美國西雅圖出版的《產業工人報》。

　　歸結起來，古辛斯基受到的指控共有3條。其一，橋媒體未按時足額繳納稅款；其二，橋媒體下屬的獨立電視臺未按時歸還俄羅斯天然氣工業公司2億6千萬美元的債務；其三，古辛斯基非法取得以色列護照[8]。

---

[8] 吳非，〈俄羅斯媒體寡頭年關難過〉，新加坡《聯合早報》，2000年12月28日。

　　前兩點主要是橋媒體作為跨國企業與俄羅斯法律的矛盾所造成的。1998年橋媒體收購了以色列的地方性電視臺馬特夫電視臺，還購買了以色列的著名報紙《馬利夫報》25%的控股權，成為該報最大的股東。2000年初，橋媒體又在美國設立了獨立電視臺的美國分臺，為自己萬一淪為俄國政壇權力鬥爭的祭品時預留一條後路。1999年末，古辛斯基把橋媒體分解為2個機構，即在直布羅陀（英屬殖民地）註冊、擁有大量美國資本的「歐洲媒體中心集團」，以及在俄羅斯運營的橋媒體集團，前者主要負責古辛斯基媒體帝國在全世界的統籌運營和資金管理，而後者則只從事在俄國的傳播業務，以維持古辛斯基在俄國的經濟利益。橋媒體之所以未按時向天然氣工業公司償還2億6千萬美元的債務，並非古辛斯基無錢償還，而是獨立電視臺本身並沒有那麼多的現金，古辛斯基控制的現金都在「歐洲媒體中心集團」手裏；根據俄羅斯的經濟法規，「歐洲媒體中心集團」屬於外國公司，在俄國對外匯的出入境實施嚴格管制的情形下，古辛斯基根本不可能在半年之內從國外調入2億6千萬美元的現金去還債。

　　普京整肅媒體寡頭成功地達到了政治目的，但也為俄國經濟埋下了潛在的危機。寡頭們擔心再遭整肅，紛紛將金融資產轉移到國外，使俄國經濟大量「失血」，而普京只好靠國際石油價格上漲和出售軍火武器來維持經濟運轉，這一策略相當冒險。

　　普京整肅媒體寡頭之後，俄羅斯的廣播電視媒體的管理形式開始轉型為「國有公共服務體制」。「國家部分所有的公共服務體制」的具體特點是：國家資本進入廣播電視領域，並以廣播電視公司的最大股東身份出現；廣播電視公司的管理原則是以專業人士實行專業管理，國家政府人員及政黨人士絕不參與。這種管理形式的優點是，在媒體經營仍然離不開金融機構投資的情況下，既可以減少金融寡頭干預政策制定的機會，又不至於讓政府為媒體的虧損擔負過重的責任。

當媒體的「國有公共服務體制」基
本確定以後，1999年俄羅斯聯邦政府的
出版委員會與廣播電視委員會合併升格
為新聞部，全俄羅斯廣播電視公司則成
為國家媒體的專業管理機構，對各大電
視公司調整分配資源。同時，俄羅斯各
大電視臺都有一條不成文的規定：主持

現在俄羅斯的主要報紙。

人要在節目播出之前將自己準備講話的內容以書面形式交給「全俄羅
斯廣播電視公司」，這樣一道新聞檢查屏障就形成了。廣播電視公司
對合資、私營或國家的電視臺有不同的要求。比如，為了讓合資或私
營電視臺提高其市場競爭力，對這些電視臺的側重提高收視率的節目
一般會放鬆要求；而對俄羅斯國家電視臺，則要求它每個星期播出1小
時的「國會」節目，政府對此給予補助。

自普京執政以來，俄羅斯的電視業基本上形成了以國家媒體居主
導地位的格局，私營電視臺以及莫斯科市政府的電視臺僅側重於娛樂
體育等節目，而政府醜聞則一般會被禁止報導。

普京在美國哥倫比亞大學與學生和教授座談時談到，如果新聞受
控於「兩三個」錢袋子，新聞媒體本身就不會存在任何自由，媒體反
而會成為利益集團的保護者，新聞媒體只有在確定自己的基礎之後，
才能實現新聞自由。他的觀點是，所謂「自由」就是公民可以表達自
己的意見，與此同時公民要受到用民主方式通過的法律限制，否則，
「自由」就成了為所欲為處於失控狀態的無政府主義[9]。他認為，俄羅
斯媒體有維護國家利益的義務，而這只有在媒體的國有公共服務體制
下才能實現。

---

[9] 《普京與美國哥倫比亞大學學生談新聞自由》，http://www.kremlin.ru/。

圖左： 列賓所畫沙俄大音樂家莫傑斯特·彼得羅維奇·穆索爾斯基（Portrait of
the Composer Modest Petrovich Mussorgsky. Oil on canvas. 69 × 57 cm. The
State Tretyakov Gallery, Moscow.Портрет композитора Модеста Петровича
Мусоргского. Холст, масло. 69 × 57 см. Государственная Третьяковская
Галерея, Москва.）

圖中： 列賓所畫大音樂家Anton Rubinstein。

圖右： Perow, Wassilij Grigorjewitsch所畫俄羅斯著名作家陀思妥耶夫斯基
（Портрет писателя Федора Михайловича Достоевского），畫於1972年。
（陀思妥耶夫斯基生於醫生家庭，自幼喜愛文學。遵父願入大學學工程，
但畢業後不久即棄工從文。在法國資產階級革命思潮影響下，他醉心於空
想社會主義，參加了彼得堡進步知識份子組織的彼得拉舍夫斯基小組的革
命活動，與涅克拉索夫、別林斯基過往甚密。

西方媒體對中國問題報導的失準與失衡[1]

　　自3月14日西藏發生暴力事件
後，西方媒體在報導中全面採取故
意歪曲中國的立場。這方面多有揭
露。其中，CNN主持人卡弗蒂在
節目中對中國的攻擊冒犯了全體中
國人的尊嚴。4月初，國內的《反
CNN》網站由線民自發建立起來，
他們將這些造假的報導集中展現出
來，主題就是「西藏真相：西方媒
體污蔑中國報導全記錄。」為尋求
新聞的客觀話語權，中國數十家新
聞網站，共同發起倡議，呼籲西方
媒體能夠客觀、公正地報導中國、
報導西藏。4月24日和5月12日，上
海《新聞午報》連續刊登兩則要求
CNN道歉的廣告，並先後被新華
網、人民網等大網站的全文轉載。

　　4月15日，CNN網站首頁刊登
的一篇名為：《中國要求卡弗蒂道
歉》的文章中聲明，無論是他們

CNN的相關報導。

[1] 本文發表於《新聞記者》，2008年第6期。

還是主持人卡弗蒂（Caf ferty）本人都無意冒犯中國人民，聲明稱願意向任何覺得被冒犯的人道歉。（CNN would like to clarify that it was not Mr. Caffertys , nor CNNs , intentto cause offense to the Chinese people, and would apologize to anyone who has interpreted the c omments in this way.）5月6日，CNN向承接此案的律師發來一封書面《道歉函》。信中正文部分有5行半，所有內容加在一起僅101個單詞。在這裏值得指出的是CNN主持人躲在媒體的背後，而媒體則以無錯誤報導但屬於歪曲報導的理由，對道歉同樣採取灰色地帶、冷處理。

2008年4月20日，在新華社播發了中國新聞傳播學界面對西方近期不實報導做出反應後，新聞教育者從新聞傳播的理論高度表達了對西方媒體人忘典失德的痛心疾首。在這裏，西方媒體所普遍採用的歪曲事實報導的立場，需要從兩個方面來看，首先是從新聞學的角度，所有這些歪曲事實的報導都屬於技術性的處理，遊走在經典新聞學的灰色地帶，這些新聞和照片錄影雖是歪曲，但不能夠說完全錯誤。其次，若以國際關係學來解釋這一現象，就可發現西方媒體意外暴露出其完全服務於西方國家的國家利益這一本質，準確說，西方新聞媒體在國際報導中，始終處於無監督狀態。

人民網訊 2009年3月31日下午，因不滿城管暴力執法，四川南充市數千市民集結城市中心進行抗議，致使最為繁華的五星花園各交通要道交通中斷。據圍觀市民稱，當日下午城管人員在執法中將一名學生打傷。目前，事故原因仍在進一步調查中。

可疑男子試圖衝入警衛目標，被哨兵當場制服。（圖片來源：人民武警報）

西方媒體中國問題報導的監督缺失

美國社會學家丹尼爾·貝爾在《介入的觀念》一書中認為，美國社會是一個完全的公民社會，且一直被認為是公民社會的典型。公民社會作為一個集體的實體獨立於國家之外，是美國政治實踐和社會思想中的重要內容。美國政府權力所受到的約束既來自政府內部的權力平衡，更來自政府以外的社會。公民社會成為制約政治國家權力和實現公民自治的重要力量。

一般來講，美國新聞業基本上不受政治約束，主流媒體一般置身於意識形態之外，媒體本身在經濟上的自立性保證了政治上的獨立性。美國媒體嚴格執行新聞和評論相分離的原則，儘管一些媒體會在社論中顯示出某種政治傾向，但新聞報導是客觀且不帶黨派色彩的。

但美國的這些新聞原則基本上是建立在本國問題的報導上，在國際新聞報導中，這些原則經常被破壞，甚至被利用。美國媒體在對伊拉克問題的報導上，基本上是完全站在美國的國家利益基礎上，對於任何與美國利益不一致的事件，皆採用歪曲、負面或者不報導的方式。

在北京奧運政治化的問題上，西方的部分媒體人則完全利用了西方媒體、政府、新聞工會、非政府組織的聯繫漏洞，成就了「求出位、求表現」圖謀。

在美國的內部問題報導中，媒體的專業性報導常常被政府機關提醒或者「糾正」，而且在出現假新聞後，新聞業工會或者新聞傳播的研究機構會把記者或者評論員的問題予以公佈，這樣會保證媒體人在沒有絕對把握情況下，絕對不會拿自己的新聞生涯開玩笑。但是，在拉薩事件中，美國媒體「技術性」裁剪照片，導致報導失實，事後卻沒有任何新聞傳播學會對此表示批評，這是很少見的。

反CNN網站，http://www.anti-cnn.com/。

《紐約時報》曾明確規定，一旦查出假新聞，要求主動及時明確地在顯著的版面或者黃金廣播時段中進行糾正，而不會被動地等待有人指責後再行動。香港城市大學李金銓教授在一次講學中就提到，美國學者一般認為國際新聞與傳播的課程內容不受西方新聞與傳播經典理論的約束，而且新聞與傳播的研究一般都是以美國的標準為最終的依據，這樣美國的標準並不一定適應全球，美國學者在任何的會議中常常是直接宣傳美國新聞傳播現狀和理論，但沒有做任何全球本地化的工作，對於這一點新加坡南洋理工大學郭振羽教授早就撰文指出過，新加坡就常常批判來自美國的全球化，認為美國深化全球本地化的工作不足。

最後美國的國際新聞報導則常常處於沒有監督的狀態也不足為奇了。

西方媒體歪曲中國應該是各種因素的彙集，偶然和必然因素所導致誤解的集中表現，並且在媒體人、政治精英、媒體管理者、政府在協調上出現完全的自相矛盾。主要原因在於，當中國快速崛起之後，西方媒體在報導中完全失衡和沒有任何的監督。

西方媒體歪曲報導將會持續

如果我們將歪曲報導做哲學分析的話，那麼歪曲到底是過程還是結果，或者僅僅是一種雙方本能的感受呢？也許是雙方在政治結構不同而造成的不理解呢？現在所有這些歪曲報導同樣是在沒有監督情況下產生，很多駐華記者也許會講，當初他們發到總部的新聞被篡改。

這些記者要堅持自己的原則，甚至公佈原始新聞素材，西方媒體知錯就改的精神還是有的，改正問題沒有那麼可怕。

首先，在20世紀90年代的整整10年間，西方媒體並沒有太多瞭解中國問題的專業媒體人，比如美國的媒體人所瞭解的國際問題主要是蘇聯、俄羅斯和中東問題，這些國家的記者表現機會較多，如在戰爭、恐怖襲擊等方面，所以在中國，西方媒體人常常喜歡問一些尖銳問題，注重個人表現，不解決任何問題，記者的責任感相對較少。中國問題報導成為媒體專業的真空。同樣美國的智庫內瞭解中國問題的精英也不多，而且很多所謂中國問題專家並不會說中文，而現任美國國務卿賴斯是俄羅斯問題專家，並且還會說流利的俄語。這次出問題的CNN主持人卡弗蒂的語言，基本上是照搬一些敵視中國的語言的英語版，嘩眾取寵成為現在很多西方媒體人的主要表現方式。

　　其次，所謂的歪曲報導主要是由於媒體的不客觀報導引起，中國在快速崛起的過程中，無論是中國政府還是民眾對於國內媒體在報導西方問題上的要求非常高，這在《環球時報》和《國際先驅導報》的報導中表現最為突出，他們每一天都會用大量的篇幅來介紹在世界發生的每一件事件的背景，這在很多西方媒體的版面上是很少見的。另外，西方民眾對於本國以外的任何問題都不是很關心，除非是在開戰國或者利益有關方，民眾才會注意，如伊拉克、伊朗問題。很多的西方民眾對於中國商品全面進入西方各國其實並不甚關心，因為無論是美國、加拿大還是歐洲各國，民眾始終關心的是自身的內部問題，但媒體希望解釋中國崛起的問題，這樣在專業知識不足，又沒有監督的情況下，任意歪曲便成為西方媒體報導的一種表達形式，尤其在三月間，這還成為主流媒體的主流報導方式。

　　最後，中國希望西方駐華記者在中國問題報導上能夠採用同西方新聞傳播理論對等的報導方式，但西方媒體駐華記者在中國問題的報導中，一般都採用六分負面，四分正常報導，但當稿件到總編室時，那四分正常報導常常會被刪掉，這樣負面報導就成為中國問題的主要表現形式。

　　現在國際問題已經不是西方媒體提高閱讀率和收視率的主要依靠，高度娛樂化新聞和真人秀成為主流。CNN在經過80年代末90年代初的輝煌之後，現在美國收視最好的電視臺是FOX和ESPN體育臺，CNN提高收視率的主要地區其實常常在發展中國家，如果CNN在報導中長期採用偏激和歪曲報導的方式，其實最終損害的是CNN的公信力。

　　對於西方國家而言，中國問題屬於國際問題，在國際問題的報導當中，西方媒體有責任和義務建立一種新的報導形式，這種報導形式必須接受西方新聞專業協會、報業協會的監督，並且這些協會要同

美國內部運作相同，定期公佈這些駐華記者和媒體在報導中出現的問題，並在相關的國際會議中討論。但這些措施很少在西方媒體的管理層提出，我們常常將新聞自由理解為對新聞「不干涉」，其實西方媒體人在報導中的協調是非常到位的，但這種協調是小範圍，常常帶有小圈子的色彩，外人通常難以覺察。如果中國的媒體人和學者聯手，在西方媒體報導前協調階段扮演角色，介紹中國真實進步，並按照西方的語言邏輯，采寫介紹中國的新聞報導，相信在未來幾年間，這些歪曲報導將會大大減少。而中國民眾也要理解一點，西方媒體人中瞭解中國問題的非常少，瞭解西藏問題的媒體人就更少，假如仍然沒有健全的自律和監督機制，在中國問題和西藏問題上的歪曲報導還將會持續。

值得一提的是，中國的新聞傳播學的學術力量本可以扮演非常重要角色，國內參加國際重量級學術會議的學者數量還不多，而且請來的國際學者很多對於如何協助西方媒體在中國問題報導上建立監督機制有無力感，因為這些學者只來很短時間，而且國內也很少有人來引導這些學者做此類研究。對待西方媒體的錯誤報導，中國需要組織相應的國際新聞傳播會議進行討論，而且不要拘泥於形式，要找出真正問題所在。

盲目排外和過度悲觀都是和中國的崛起地位不相稱的，中國的民眾也要面對自己的好意經常被曲解的國際現實。

快速發展的俄羅斯雜誌市場[1]

　　本文首先感謝俄羅斯印刷與大眾傳播部副部長尤里・普里亞提供資料支援，該文所有資料來自該部2005至2007年，共3年的印刷與大眾傳播部年度報告。印刷與大眾傳播部的部門特點是政策制定和協調國有媒體、商業媒體間的矛盾。

　　自蘇聯解體以來，俄羅斯雜誌一直處於快速發展階段，但外界卻很少關注。2000年後其影響力開始在受眾的生活中逐漸體現，生活和娛樂類雜誌發行量和廣告量一直處於上升階段，而政經雜誌則有下降的趨勢。2006年在俄羅斯聯邦登記的雜誌數量為23,428種，其中中央地區級的雜誌為14,943種，屬於地方級的雜誌為8,485種。2005年有1,399種新雜誌獲得批准註冊，這個數字是報紙註冊數的3.5倍，這是俄15年來首次出現這種情況。其中主要的原因是雜誌的投入產出比要比報紙大很多，在俄羅斯，雜誌本身的註冊資本在媒體中是最低的。值得指出的是，這其中只有57%～60％的雜誌能夠保證正常出版，很多的雜誌只有在一些特殊原因下才會偶爾出版，比如大選等重大中央或者地方事件發生時。

俄雜誌市場快速成長

　　2005年，全俄雜誌市場依然保持著快速而穩健的增長，年發行總量達到了18.65億冊，其中銅版紙雜誌的發行量超過了8.5億冊。2006年

---

[1] 本文發表於《新聞記者》，2008年第3期。

總量為18.5億冊，其中銅版紙雜誌的發行量超過了8億冊，在海外印刷廠完成印刷的有6億冊。俄羅斯雜誌的廣告量為375億盧布（合14億美元），其中雜誌的純廣告收入2005年達到了5.8億美元，平均每年增長1億美元。據分析，2007～2009年的俄羅斯雜誌的發行量將會下降9%～13%，但廣告總額將會提高到50億盧布（合19億美元），2009年雜誌的純利潤將會占廣告總額的57%～58%。

俄羅斯印刷與大眾傳播部副部長尤裏‧普裏亞參加2006年「俄羅斯年」中的中俄媒體研討會。

2006年，俄羅斯總體廣告額為64.9億美元，其中電視占48.69%，街頭印刷品占18.2%，雜誌占10.86%，廣告出版社占9.1%占，廣播占5.39%，報紙占5.3%，網路占1.54%。

2005年俄羅斯報紙和雜誌發行量總計達到了數億份，這些媒體的所有者每年在發行上的投入遠超過10億美元（實際的開銷可能比這個數字要稍低）。但仍有大量的俄企業願意把錢投入到出版行業中，它們這些投入不僅是為了賺錢，更重要的是它們想把媒體作為維護自己利益的工具。

俄羅斯的娛樂、時裝、應用型雜誌發展比較快，政治和財經類雜誌的發行量在2006年後一直處於下滑的階段，但這些專業性雜誌的影響力和廣告量並沒有任何下降。特別是在大選時，電視在表達意見時被法律嚴格要求，在報紙刊登候選人的廣告也有嚴格規定，候選人通常可以通過雜誌來自由表達政見。

俄羅斯雜誌的廣告價格一直處於上漲狀態。時裝雜誌《ElleRussia》單從廣告這一項上就獲得了200萬美元的純收入。2005

年，獨立媒體屬下的《男性健康》雜誌的整版廣告價格是1.18萬美元，2006年上漲到了1.35萬美元。HFS出版社屬下的《Maxim》雜誌2005年9月整版廣告的報價是1.07萬美元，2006年達到了1.15萬美元。CondeNast出版社屬下《GQ》雜誌的整版廣告費也由2005年的1.01萬美元的基礎上上漲了近1000美元。2006年1～3月間，《男性健康》的月平均廣告收入為84.84萬美元，Maxim為55.82萬美元，GQ為58.33萬美元。

目前在俄羅斯最受歡迎的雜誌是電視指南、拼字遊戲、女性雜誌等一些專門性雜誌。2005年，一大批女性雜誌出現在市場中。2005年2月，EDIPRESS-KONLIGA發行了《自我》（SamaYa），該雜誌單月的銷量就達到了30萬冊，該雜誌和《美人》（Kresty anka）、《健康》（Zdorovye）雜誌都是俄羅斯最主要的新型女性月刊。雜誌發行人通過較高的銷售價格和其他雜誌進行了明顯的區隔，避免了和彩版雜誌的直接競爭。如《自我》雜誌的零售價格每期為50盧布（1.7美元），而一般的彩版雜誌只有14盧布（0.5美元）左右。

圖左：中俄媒體研討會與會代表參觀新華網。

圖右：中俄媒體研討會與會代表流覽新華網，左一為生意人報副總編，左二為俄新社副社長。

俄媒體的兩大巨頭，獨立媒體和Conde Nast都曾試圖取得時裝雜誌《InStyle》的經營權，但是它的經營權最終被SK出版社獲得，現在《InStyle》變成了俄第一女性雜誌。2005年底德國Ha chet teFil ipac chiShkulev出版社在俄發行了《心理》月刊雜誌。該雜誌關注於人的心理健康，儘管許多人對該雜誌的前景表示出了擔憂，但是該刊還是有一個不錯的開端，發行量很快就達到了15萬冊。

表：2005年俄羅斯廣告收入和讀者數前十位雜誌

雜誌名稱	出版社	稅後廣告收入（佰萬美元）	讀者數（千人）
7 Dney（《7日》）	Sem Dney	37.9	3942.2
Cosm opolitan	Indenpent Media	23.3	3510.1
Vogue	Conde Nast	17.9	456.8
Elle	HFS	15.9	586.8
Liza（時裝《臉面》）	Burda	15.4	3366.9
Dengi（生意人《金錢》）	Kommersant	15.2	375.0
Ekspert（《專家》）	Ekspert	11.5	234.3
Afisha（文化《通告》）	Afisha Industries	10.5	.52.6
Za Rulyom（《汽車》）	Za Rulyom	9.9	2999.6
Glamour	Conde Nast	9.3	1856.3

資料來源：2005年印刷與大眾傳播部年度報告。

商業雜誌仍具潛力

俄羅斯的商業類雜誌在經過了短暫的發行量下滑之後又迎來了競爭性增長。《金錢》（Dengi）、《公司》（Kompania）、《專

家》（Ekspert）、《總結》（Itogi）、《政權》（Vlast）、《人物》
（Prof il）、俄《新聞週刊》、《財經》（Finans）、《公司機密》
（SkeretFirm）以及俄版《福布斯》和《商業人士》（Deloy veLyudi）
等商業月刊和週刊的廣告額出現小幅度增長。

在俄羅斯，B2B（Bus sinesstoBussiness）期刊發展潛力十足，這
種期刊上世紀90年代中期從國際引入，如今有越來越多的出版商採用
了這種方式。這些期刊專注於某一專業的發行領域，通常為專業人士
提供有關新技術、商業管理等資訊。俄B2B期刊市場份額佔有率依然
不高，但潛力巨大。市場分析人士預計B2B大約有數億美元的市場。

2005年隨著俄羅斯汽車市場的迅速發展，再加上進口車在俄羅
斯的暢銷，俄汽車雜誌發行量猛增。2005年汽車廣告的投放金額就
上漲了77%，達到了1.2億美元。德國SK新聞出版公司出版了《汽車
與運動》（AutoMotorandSport）雜誌的俄文版。俄羅斯Ax elSpringer
則擁有德國雜誌AutoBild的俄市場發行權。老牌雜誌《汽車世界》
（Avtomir）、《汽車觀點》（Autorevyu）等雜誌依然暢銷。

2005年娛樂雜
誌也是異軍突起，
其中最具代表性
的雜誌就是由SPN
和TNT頻道聯合推
出的雜誌《真人秀
大師2》（Re adli
tyShowDom 2），該
刊大量報導了DOM2
節目和其他國家的
真人秀節目。SPN和

臺灣國立政治大學傳播學院朱立教授非常關心、關注
俄羅斯媒體的發展。

NTV電視臺出版的同類型《共同》
（VseSrazu）雜誌也於2005年發行，
並取得了成功。

俄羅斯雜誌發展在1996年的
總統選舉後進入非常快速的發展階
段。最初，俄羅斯直接引進國際流
行刊物設立俄文版雜誌，然後放棄
了一些銷量較少的刊物和並不盈利

1956年中蘇友好大廈商展會（廣交
會前身）開幕盛況。

的雜誌。俄雜誌市場在經過資本重整之後，雜誌本身的編輯系統和資
本體系形成相互不干擾的習慣，相信在不久的將來這一趨勢還將更加
明顯。

俄羅斯雜誌的多媒體化

2005年多媒體雜誌開始在俄羅斯出現，第一份多媒體雜誌《莫斯
科流行》（Masko vskySt il）於2006年情人節當天開始發行。早在2005
年末，《狗》（Sobaka）、《生活常識》（Vkusna yaZhizn）和《健
康》（Zdorovye）成立了Entertim e多媒體公司，Entert im e將其出版的
刊物內容投放到電腦、電視、手機等媒介中。在《先鋒真理報》的資
金支持下，文化《通告》雜誌於2006年3月中旬開展了其移動領域的業
務，並且建立了網站，手機用戶可以通過這一網站下載相關的文化資
訊，讀者可以在手機上瀏覽到如電影場次、劇目、地點、時間及聯繫
方式等一系列文化資訊，這些資訊都是免費提供的。

最近幾年，雜誌出版商為了吸引讀者，開始在刊物內夾帶免費的
音樂和影視光碟。這讓他們成了影音銷售商的競爭對手，這些紙質媒
體的光碟銷量比影碟零售商的銷量還好。俄出版商幾年前開始在出版

物中搭售DVD光碟，這一營銷手段最早應用於IT和電腦遊戲雜誌中，後來其他類型雜誌也採用了這種方式。以2004年為例，文化《通告》雜誌在它的兩期雜誌中分別夾送了《羅馬假日》和《卡薩布蘭卡》，使這兩期銷量一下子上升了20%。每次在一本雜誌中夾一張好萊塢電影的DVD，其發行成本就會增加一美元，通常出版商只需要對第一次使用付版權費，而且多採用在DVD中播放廣告贊助商的方法，降低DVD的版權費和成本。

中俄媒體合作進程加速
——媒體間主要矛盾仍未解決[1]

俄羅斯媒體的發展主要分成報紙、電視、廣播、網路四個方向，這其中最主要的問題就在於硬體設施的建設和全民接受資訊的普及性問題。增加硬體設施的前提則是安全系統的防護，除了報紙以外，廣播、電視的數位化和網路資訊安全問題是俄羅斯政府首先要面對的問題，另外對於如何保障俄羅斯在經濟發展的同時保障民眾普遍接受資訊的權利，這樣俄羅斯政府在機構設置上基本圍繞在這兩個問題上。俄羅斯前總統普京打破政府的總體佈局的主要目的是為了建立政府的專業化管理，尤其對於部門出現問題時面臨來自西方國家的強烈指責，可以給予強烈的反擊。

人民網和俄羅斯新聞網於2007年2月2日北京時間18:00（莫斯科時間13:00）聯合邀請俄羅斯第一副總理、中俄「國家年」俄方組委會主席梅德韋傑夫做客強國論壇就「中俄關系」回答了網民提問。（德米特裡·梅德韋傑夫1965年9月14日生於列寧格勒。1987年畢業於列

---

[1] 本文發表於由清華大學新聞傳播學院崔保國教授主編的《2008：中國傳媒產業報告》，社會科學文獻出版社。

寧格勒國立大學法學系，1990年該校法學系研究生畢業。法學副博士
學位，副教授。1990年至1999年任教於聖彼得堡國立大學。1990年至
1995年同時還擔任列寧格勒城市蘇維埃顧問及聖彼得堡市政府對外聯
系委員會專家等職位。1999年任俄聯邦政府辦公廳副主任。1999年至
2000年任俄聯邦總統辦公廳副主任。2000年起任俄聯邦總統辦公廳第
一副主任。2000年至2001年任俄天然氣工業股份有限公司董事長；
2001年任天然氣工業股份有限公司副董事長；從2002年6月起繼續擔任天
然氣工業股份有限公司董事長。從2003年10月起任俄聯邦總統辦公廳主
任。2005年11月被任命為俄聯邦政府第一副總理。已婚，育有一子。）

俄羅斯媒體管理的機構設置與廣播電視

2004年3月9日，普京發佈《關於聯邦執行權力機關系統和結構》
的314號總統令（Указ《О системе и структуре федеральных органов
исполнительной власти》），對俄羅斯聯邦執行權力機關進行重大調
整。明確規定建立聯邦部（федеральные министерства）、聯邦總局
（федеральные службы）、聯邦署（федеральные агентства）三級架
構，而某些部下設局（служба）、監督局（служба по надзору）、署
（агентство）。

這樣撤銷原來的俄聯邦出版、無線電廣播和大眾傳播媒體
事務部（Министерство Российской Федерации по делам печати,
телерадиовещания и средств массовых коммуникаций）；俄聯邦文
化部（Министерство культуры Российской Федерации）；俄聯邦教
育部（Министерство образования Российской Федерации）；俄聯
邦郵電和資訊部（Министерство Российской Федерации по связи и
информатизации）。

俄羅斯文化部網站。

俄羅斯印刷與大眾傳播署網站。

　　總統令將政府部門中涉及媒體的部門重新規劃為：俄羅斯聯邦
文化與傳媒部（Министерство культуры и массовых коммуникаций

Российской Федерации），行使原文化部及出版、無線電廣播和大眾傳播媒體事務部的職能，領導由原聯邦檔案總局改組而成的俄羅斯聯邦檔案署,同時負責解決有關族際關係問題，2008年5月12日該部門改名為俄羅斯聯邦文化部（Министерство культуры Российской Федерации）；俄羅斯聯邦教育科學部（Министерство образования и науки Российской Федерации），下設俄羅斯聯邦知識產權、專利與商標局（由原專利和商標署改組而成）、俄羅斯聯邦教育科學監督局、俄羅斯聯邦科學署、俄羅斯聯邦教育署，承擔原俄聯邦教育部全部職能及原俄聯邦工業、科學和工藝部有關科學領域的職能；俄羅斯聯邦通訊監督局（Федеральная служба по надзору в сфере связи）；俄羅斯聯邦文化與電影署（Федеральное агентство по культуре и кинематографии）；俄羅斯聯邦教育署（Федеральное агентство по образованию）；俄羅斯聯邦新聞出版與傳媒署（Федеральное агентство по печати и массовым коммуникациям），該單位為主要在資訊與大眾傳播部（Министерство связи и массовых коммуникаций Российской Федерации 簡稱為Минкомсвязи РФ)的規劃下協調工作，該部是在2008年5月12日由原來名為資訊與技術部（министерства информационных технологий и связи РФ）改制而來。資訊與大眾傳播部主要負責俄羅斯的電視數位化（Цифровое телевидение）、綜合資訊服務（Универсальные услуги связи）、郵局現代化（Модернизация почты）、網路研究和功能變數名稱（Научные сети и Рунет）、政府電子化（Электронное правительство）。

關於負責文化、傳媒、教育的部門共撤銷四個單位，並且建立級別較低，政府職員較少的六個署，這次變更主要是將原來具有跨部門協調、前蘇聯特點的的委員會全面撤銷。

　　2007年11月29日，俄羅斯政府批准資訊與大眾傳播部第1700-P號檔案，檔案名為：《2008年至2015年俄羅斯聯邦廣播電視發展概念》（КОНЦЕПЦИЯ развития телерадиовещания в Российской Федерации на 2008 - 2015 годы）。檔案指出俄羅斯所有廣播和電視將再2015年前由目前的類比模式轉換成數位元模式，2008年後俄政府每一年投入占國民生產總值1.4%的資金到媒體行業，據預測，到2015年該部門營業額可能超過12500.0億盧布，現在88.5%的俄羅斯民眾仍然在使用電視類比信號。

　　2008年12月16日，俄羅斯聯邦政府電視廣播發展委員會（комиссия по развитию телерадиовещания）向政府副總理謝爾蓋·薩比尼（Сергей Собянин）提交《俄2009至2015年數位電視可行性推廣計畫》（Одобрена Концепция ФЦП «Развитие телерадиовещания в Российской Федерации на 2009 - 2015 гг.»），該計畫正等待俄聯邦政府審議批准。2008年5月22日，根據第379號政府令成立電視廣播發展委員會，該委員會為資訊與大眾傳播部下屬部門。

　　根據《俄2009至2015年數位電視可行性推廣計畫》這項計畫，俄羅斯未來數位電視將具有三個單元的節目，每個單元的節目各有20至24個頻道。俄聯邦政府通信與大眾傳播部部長謝戈列夫說，俄羅斯居民未來可以免費看到《規定》的數位電視節目。在《規定》數位節目單元中，包括8個電視頻道和3個廣播頻率。8個電視頻道為：全俄第1頻道、俄羅斯電視臺的綜合頻道、新聞頻道、文化頻道、體育頻道、兒童頻道，以及俄羅斯獨立電視臺、聖比得堡電視第5頻道等。3個廣播頻率是俄羅斯電臺、燈塔電臺和FM新聞臺。

　　俄羅斯數位電視推廣計畫的投資額為1,200億盧布，其中相當一部分來自非政府預算渠道。俄羅斯《生意人報》援引俄政府通信與大眾

傳播部副部長紮羅夫的話報導說，俄聯邦政府預算將出資60％，另外
40％的資金從民間渠道籌集。

俄羅斯媒體發展狀況

2004年，俄媒體市場（包括紙質和電子媒體）的市值超過了60億
美元，2008年達到75-80億美元，根據美國美國普華永道財會公司的統
計俄羅斯媒體市場每一年的增速為5.7%。對於出版文化業，俄羅斯中
央政府採取補助金扶植的方式打開國際宣傳市場。為了扶植本國文化
出版業，國家印刷與大眾傳播部在《關於2005年-2007年印刷與大眾傳
播部工作總結和2008年-2010年主要工作指導》檔中指出，俄羅斯必須
降低公民個體辦出版社的門檻，在自由出版的環境下，促使民眾培養
閱讀的習慣並習慣接受海量資訊，在民眾的關心下保障報紙言論的多
元化，對此政府主要輔助出版社參加各種國際書展，政府對此的補助
金為2005年為1.32億盧布，2007年為1.74億盧布， 2010年計畫為1.57億
盧布。另外，新聞社主要的功能是提高國家新聞品質和對外宣傳國家
形象，在這方面必須投入大量的資金。這項報告還有一個補充檔《支
持車臣發展的民族計畫》，該檔對車臣媒體發展做出具體規劃並列出
預算。2007年印刷與大眾傳播部對廣電、報紙、新聞社共投入的資金
總量為257.78億盧布，資金全部劃撥到位並發放，2008年計畫為281.48
億盧布，2010年計畫下降到249.79億盧布。

據印刷與大眾傳播部2008年的報告顯示，2007年俄羅斯每人擁有
57.75份報紙（主要為城市印刷報紙），2010年將達到56.6份，略有下
降；2007年每人擁有13.2本雜誌，2010年將達到13.35本。此外，根據
俄羅斯傳播協會（Ассоциация Коммуникационных Агентств России,
АКАР）2007年5月公佈的資料顯示，2006年俄羅斯整體印刷市場銷售

和廣告的資金總量為1,088億盧布（約40.6億美元），其中通過郵局實現的銷售額為5.8億美元，零售額為13.9億美元，免費印刷品使用的資金額4.5億美元，而印刷市場的廣告收入為16.4億美元。俄羅斯的出版業呈穩定增長態勢，顯示俄政府對扶植本國報紙、雜誌、出版文化事業的補助政策啟到推動的作用。

俄羅斯印刷媒體在發展的過程中主要有三個問題要面對。首先，屬於國家的大型印刷設備並沒有發揮實際的效能；其次，財政監督國家或者個人的印刷廠的財務系統比較缺乏；再次，俄羅斯印刷廠和媒體普遍面臨人才匱乏的窘境。對此俄羅斯印刷與大眾傳播部在2005年就開始實施名為：媒體結算自動化（Медиастат）的計畫，在俄羅斯媒體產權較為清晰的前提之下，該計畫將出版社、印刷廠和銷售單位的結算實現全面自動化，國家控制和瞭解媒體的財政狀況。

截止到2008年初為止，在俄羅斯境內註冊的媒體一共71,954家，這其中印刷媒體共有59,148家，與2005年相比，增加了10.7個百分點。相關專家表示，這其中有一半的媒體不能夠保持正常的運作，原因是很多印刷媒體是在選舉等一些特殊情況下才出版，另外，不能夠出版的很多是地區印刷媒體，這樣政府在調查上存在困難。在俄羅斯報業市場中，按照發行量，中央報紙占34.8%，地方報紙占32.1%，社區報紙占33.1%。2007年俄羅斯一共發行了88.5億份報紙，其中中央報紙發行量為28億份，另外雜誌發行量為6.6億份。回溯2004年，報紙的的發行量就超過了85億份，其中雜誌的發行量為6億份。在選舉等大事發生中的增刊佔據了整個報業市場的平均34.5%的市場份額，另外莫斯科和聖彼德堡兩城市佔據了俄報紙發行量10%的市場。

俄日報經營的競爭變得愈加激烈，這加速了報業市場的進化和變革的進程。大量的盈利性的全國性報紙都是由一些報業集團出版發行的。其中，普龍塔－莫斯科出版集團(主要出版《手到手》專登二手貨

品消息類的報紙，擁有108個子報；專業媒體出版集團擁有90個子報(包括《共青團真理報》；莫斯科共青團員報出版集團擁有78個子報。各出版公司也在尋求一些新的發展領域，這種發展形態有時並沒有固定的模式可循。近幾年優質的新聞出版物和互聯網越來越受到尤其是18-45歲的人群的關注，而與此相比較，電視則更多的受到老年人和低收入群體的歡迎。根據TNT Gallup Media統計，2006年2月份最受歡迎的報紙依次為：《手到手》（發行量2,484,630份）、《生活報》發行量2,359,970份）、《共青團真理報》（發行量2,160,680份)和（發行量1,417,350份），另外《共青團真理報》週末版的銷量為6,454,990份，這占全俄羅斯成人人口的11.3%，但受閱讀面最大的電視指南類刊物《電視天線》（Antenna-Telesem），它在全俄55個地區和獨聯體中三個國家均同步發行，發行量為470萬份，讀者群達到了1.3729億人次。

擁有數家全國性報紙的專業媒體出版集團則是第一家充分利用移動媒體技術，使自己的經營呈現出更為多樣化的趨勢。為了牢牢抓住讀者，報紙頻頻加大了其在互聯網和移動方面的業務，《共青團真理報》在2004年開始擴展了其在互聯網上的業務，2005年又開始將紙質媒介的內容通過WML2.0彩色轉換技術傳到手機上。這雖然增大了資訊的傳輸的壓力，卻可以讓手機用戶完全瀏覽到《共青團真理報》日報、週報的內容和圖片，參與圖片競猜和給每週的《共青團真理報》女郎們投票等活動，用戶還可以利用手機查閱2005年度所有的過期報紙的資訊。莫斯科共青團員報報業集團出版公司在百萬人口的城市發行了的《莫斯科共青團員報——周日版》，這是一個專為家庭設計的時尚性的週末刊物，其內容涵蓋了流行時尚、商業資訊、電影電視、社會事件和體育等方面，像這種類型的刊物在俄還有很多。2006年2月20日，經濟類報紙《機關報》開始向市場發行月刊，3月13日，它又發行了它的第一份《Smart Money》（原名）的商業週刊，這是一份定位

於高端和商界名流的雜誌。4月下旬發行了其母報的週五版增刊，數周之後，它又和移動供應商Beeline聯合開始提供短資訊服務。諸如當2005年俄羅斯的下載鈴聲、圖片等傳統業務的發展速度正在變緩，而媒體互動服務如互動遊戲，則正在成為移動傳播領域的新寵。媒體互動的內容和資源完全由專業媒體出版集團和獨立媒體這兩家提供。

俄羅斯報紙現階段主導輿論的功能非常強大，這成為大量資本進入媒體的主要原因。如果這一問題再不得到大眾傳播最高法律委員會以及文化遺產保護機構重視的話，報紙數量的自然增長率將很難超過2%或3%。當時如果聯邦政府以及地方政府對於報業的補貼被切斷的話，報紙的銷售量將會從2006年8月起開始下降。俄最大專業媒體出版公司的董事長阿克波洛夫認為，俄羅斯報業市場已經被扭曲，目前已經沒有個體化發展的條件，俄羅斯報紙的資本有90%來自於政府和私人投資者的補貼，媒體人只想把報紙作為一種政治資源來經營，對於補貼是來者不拒。在俄羅斯幾乎每一份有影響力的報紙的背後都有著大財團或者政府的支持，各地方政府也支援區域報紙。2000年後，在俄羅斯媒體市場中唯一獲得商業成功的只有與美國《華爾街日報》和英國《金融時報》聯合出版的《機關報》經濟類日報。即便是最為老牌的報紙也很難在沒有政府或財團的直接財政資金支援的情況下維持，這直接影響到了報紙的質量和讀者的信任程度。俄羅斯進入報業市場化的時代

2009年3月6日國家發展和改革委員會主任張平、財政部部長謝旭人、中國人民銀行行長周小川就應對國際金融危機、保持經濟平穩較快發展問題在人民大會堂新聞發佈廳答記者問。圖為俄羅斯《專家》雜誌社記者馬克提問，馬克為筆者國立莫斯科大學學弟。

後，報業競爭的結果使得挖掘潛在讀者與青年讀者勢在必行。從蘇聯到俄羅斯，政府從來沒有放棄以支援出版社的方式培養俄人民的文化水平，這是難以在完全自由化與商業化的新聞體制中存在的。報紙、雜誌仍發揮對部分重大政策的監督作用，出版事業具有提升民族文化與公民素養的多元功能。對於維護俄羅斯的閱讀文化的傳統，普京的報業補助措施的作法已經得到部分媒體人的認同。

俄羅斯雜誌的發展狀況

自蘇聯解體以來，俄羅斯雜誌一直處於快速發展階段，但外界卻很少關注。2000年後其影響力開始在受眾的生活中逐漸體現，生活和娛樂類雜誌發行量和廣告量一直處於上升階段，而政經雜誌則有下降的趨勢。2006年在俄羅斯聯邦登記的雜誌數量為23,428種，其中中央地區級的雜誌為14,943種，屬於地方級的雜誌為8,485種。2005年有1399種新雜誌獲得批准註冊，這個數字是報紙註冊數的3.5倍，這是俄15年來首次出現這種情況。其中主要的原因是雜誌的投入產出比要比報紙大很多，在俄羅斯，雜誌本身的註冊資本在媒體中是最低的。值得指出的是，這其中只有57%～60％的雜誌能夠保證正常出版，很多的雜誌只有在一些特殊原因下才會偶爾出版，比如大選等重大中央或者地方事件發生時。

俄羅斯雜誌中介紹中國性產業的文章中，用木子美的肖像做封面。

2005年，全俄雜誌市場依然保持著快速而穩健的增長，年發行總量達到了18.65億冊，其中銅版紙雜誌的發行量超過了8.5億冊。2006年總量為18.5億冊，其中銅版

紙雜誌的發行量超過了8億冊，在海外印刷廠完成印刷的有6億冊。俄羅斯雜誌的廣告量為375億盧布（合14億美元），其中雜誌的純廣告收入2005年達到了5.8億美元，平均每年增長1億美元。據分析，2007～2009年的俄羅斯雜誌的發行量將會下降9%～13％，但廣告總額將會提高到50億盧布（合19億美元），2009年雜誌的純利潤將會占廣告總額的57%～58%。

2007年，俄羅斯總體廣告額為64.9億美元，其中電視占48.69%，街頭印刷品占18.2%，雜誌占10.86%，廣告出版社占9.1%占，廣播占5.39%，報紙占5.3%，網路占1.54%。

2005年俄羅斯報紙和雜誌發行量總計達到了數億份，這些媒體的所有者每年在發行上的投入遠超過10億美元（實際的開銷可能比這個數字要稍低）。但仍有大量的俄企業願意把錢投入到出版行業中，它們這些投入不僅是為了賺錢，更重要的是它們想把媒體作為維護自己利益的工具。

俄羅斯雜誌的廣告價格一直處於上漲狀態。時裝雜誌《El leRussia》單從廣告這一項上就獲得了200萬美元的純收入。2005年，獨立媒體屬下的《男性健康》雜誌的整版廣告價格是1.18萬美元，2006年上漲到了1.35萬美元。HFS出版社屬下的《Maxim》雜誌2005年9月整版廣告的報價是1.07萬美元，2006年達到了1.15萬美元。CondeNast出版社屬下《GQ》雜誌的整版廣告費也由2005年的1.01萬美元的基礎上上漲了近1000美元。2006年1～3月間，《男性健康》的月平均廣告收入為84.84萬美元，Maxim為55.82萬美元，GQ為58.33萬美元。

目前在俄羅斯最受歡迎的雜誌是電視指南、拼字遊戲、女性雜誌等一些專門性雜誌。2005年，一大批女性雜誌出現在市場中。2005年2月，EDIPRESS-KONLIGA發行了《自我》（SamaYa），該雜誌單月的銷量就達到了30萬冊，該雜誌和《美人》（Kresty anka）、《健

康》（Zdorovye）雜誌都是俄羅斯最主要的新型女性月刊。雜誌發行人通過較高的銷售價格和其他雜誌進行了明顯的區隔，避免了和彩版雜誌的直接競爭。如《自我》雜誌的零售價格每期為50盧布（1.7美元），而一般的彩版雜誌只有14盧布（0.5美元）左右。

俄媒體的兩大巨頭，獨立媒體和Conde Nast都曾試圖取得時裝雜誌《InStyle》的經營權，但是它的經營權最終被SK出版社獲得，現在《InStyle》變成了俄第一女性雜誌。

該書對於普京有著詳細的分析。

2005年底德國Ha chetteFilipac chiShkulev出版社在俄發行了《心理》月刊雜誌。該雜誌關注於人的心理健康，儘管許多人對該雜誌的前景表示出了擔憂，但是該刊還是有一個不錯的開端，發行量很快就達到了15萬冊。

俄羅斯的商業類雜誌在經過了短暫的發行量下滑之後又迎來了競爭性增長。《金錢》（Dengi）、《公司》（Kompania）、《專家》（Ekspert）、《總結》（Itogi）、《政權》（Vlast）、《人物》（Prof il）、俄《新聞週刊》、《財經》（Finans）、《公司機密》（SkeretFirm）以及俄版《福布斯》和《商業人士》（Deloy veLyudi）等商業月刊和週刊的廣告額出現小幅度增長。

在俄羅斯，B2B（Bussiness to Bussiness）期刊發展潛力十足，這種期刊上世紀90年代中期從國際引入，如今有越來越多的出版商採用了這種方式。這些期刊專注於某一專業的發行領域，通常為專業人士

提供有關新技術、商業管理等資訊。俄B2B期刊市場份額佔有率依然不高，但潛力巨大。市場分析人士預計B2B大約有數億美元的市場。

《消息報》的發展狀況

　　《消息報》曾是蘇聯時期的第二大報紙，1917年3月13日在彼得格勒創刊，當時稱《彼得格勒工人代表蘇維埃消息報》，是孟什維克和社會革命黨人控制的報紙。十月革命後歸布爾什維克領導。1918年3月隨蘇維埃政府遷至莫斯科，成為蘇聯最高蘇維埃機關報。1977年改用現名。

　　1992-1996年，《消息報》主要為實業集團所控制。

　　1996-1998年，金融銀行想入主《消息報》，但不完全成功。

　　1998-2000年，葉利欽開始調整《消息報》的功能，讓媒體人在新聞報導中發揮主要的作用，強調新聞自由報導的專業性，以化解金融和實體經濟企業對於報紙的干擾，在普京任總理階段，《消息報》的報導逐漸側重於國家安全的穩定，新聞自由報導的前提為國家安全的穩定，這在第二次車臣戰爭時最為突出。

　　2000年後，《消息報》的新聞報導和管理分家。《消息報》本身的媒體人組成《消息報》股份公司，內部股票不能買賣，股東是《消息報》媒體人，股票的規模（Количество размещенных ценных бумаг）為7,500萬股，原始股為1股1盧布，自2005年第三季度開始，所有大的資金額往來和股東買賣報社股票的情況，均會在網站上公佈，每年公佈四次，這種股票主要為媒體人年終分紅的依據。另外，《消息報》還有供投資公司用來買賣的股票，這樣《消息報》的持有人就不會完全影響媒體人的認可的報紙發展方向，報紙擁有者、管理者、媒體人的利益就不會相互干擾。《消息報》股份的買賣基本上是

配合政府管理或者投機性而決定的，所謂配合政府管理，就是當政府需要媒體時，大公司就會把報紙股份賣給自己的朋友公司，減少政府的疑慮；投機性則是政府管理鬆弛時，企業就明目張膽入主媒體。

2005年《紐約時報》希望購並《消息報》[2]，《紐約時報》主要是注資給《消息報》的印刷廠，改裝印刷設備，俄羅斯官員認為，《紐約時報》主要看中了《消息報》對於蘇聯時期文檔的掌握和報紙本身評論的影響力，另外，美國媒體人認為如果在東亞俄羅斯和日本媒體再加上美國媒體，這樣可以對中國形成新聞的合圍和新聞空間的壓縮。

1992年10月《消息報》開始股份化，其中50.17%始終由報社媒體人組成的報紙編輯有限公司（OAO《Редакция газеты》）掌控，剩下48%的股份則由盧克石油公司（НК "ЛУКОЙЛ"）的子公司（компаниям 《Менеджмент Центр》）（《Мосиздатинвест》,）掌控[3]。2003年名為管理中心的管理公司（Управляющая компания 《Менеджмент-Центр》）從盧克石油下屬的盧克保證的退休基金（фонда 《ЛУКОЙЛ-Гарант》）下購買《消息報》38%的股份，管理中心公司與盧克石油公司為友好企業。

《消息報》為全國性大報，但在其他城市設有印刷廠。《消息報》給其他城市分佈的預算常常不夠，對於這些分部印刷設備的投資長期不足，使得其他城市讀者看到的《消息報》可能是黑白版，但報紙分部所在的城市或者共和國常常希望加入預算給報社分部，並且想控制分部和印刷廠。

---

[2] «The New York Times» в «Известиях». Газеты-лидеры объединили усилия（《紐約時報》希望購並《消息報》），2005年2月21日，http://www.gipp.ru/openarticle.php?id=5272

[3] Компания "Газпром" намерена приобрести одну из старейших российских газет（俄羅斯天然氣工業集團打算收購最古老的俄羅斯報紙），2005年6月22日，http://www.lenta.ru/articles/2005/06/02/izvestia/

　　2008年5月22日，《消息報》易主，由薩格斯保險公司
（СОГАЗ）掌控。薩格斯保險公司成立於1993年，薩格斯保險公司
成立於1993年，該公司由薩格斯公司（ОАО «СОГАЗ»）、伯里斯石
油公司（ООО «СК «Нефтеполис»）、天然氣工業媒體保險公司公司
（ОАО «Газпроммедстрах»）薩格斯-生活公司（ООО «СК СОГАЗ-
ЖИЗНЬ»）領導管理公司（ЗАО «Лидер»）、天然氣工業媒體醫藥服
務公司（ООО «Газпроммедсервис»）組成。

媒體和照片中的中蘇友好。

在中國都很少見的中蘇友好的宣傳畫。

上海的蘇聯式建築。

中俄媒體交流發展狀況

2007年5月24日俄「中國年」中國新聞中心舉行記招會,中國新華社副總編輯俱孟軍、中央電視臺副臺長李曉明和人民日報國際部副主任溫憲向中俄媒體記者介紹中國傳媒業最新發展情況,以及中俄媒體間交流與合作的現狀。

圖左: 2007年5月26日,在俄羅斯莫斯科,新華社副總編輯俱孟軍在俄中媒體研討會的閉幕式上代表中方進行總結發言。當天,俄羅斯「中國年」正式活動專案、俄中媒體研討會在莫斯科閉幕。

圖右: 俄新社副社長伊利亞申科在俄中媒體研討會的閉幕式上代表俄方進行總結發言。當天,俄羅斯「中國年」正式活動專案、俄中媒體研討會在莫斯科閉幕。

俱孟軍認為，新華社和中國其他主流媒體對俄羅斯發生的重要新聞，以及與俄羅斯相關的新聞，堅持進行及時、客觀和全面報導。為增進中俄兩國人民的友誼和瞭解，中國媒體積極報導中俄友好往

來和經貿合作。他指出，今天的中國和俄羅斯在經濟和社會等方面都在發生深刻變化，而兩國民眾的相互瞭解相對不夠。促進兩國人民、特別是年輕一代的相互瞭解，是兩國媒體面臨的共同責任和任務。根據中俄「國家年」組委會的安排，新華社與俄新社在「國家年」框架下共同承辦2006年「中俄媒體研討會」和2007年「俄中媒體研討會」。

李曉明表示，近年來中央電視臺與俄媒體開展了形式多樣的交流合作活動。在俄羅斯「中國年」期間，中央電視臺計畫與俄羅斯有關媒體合作拍攝專題片，製作《為中國喝彩》大型文藝晚會及《想挑戰嗎》特別節目，圍繞中俄兩國之間關係的發展歷程、中俄戰略協作夥伴關係和文化交流進行配合報導。

溫憲表示人民日報與俄新聞界之間的交流非常密切。人民日報代表團多次派員出訪俄羅斯，也曾多次在中國接待來自俄羅斯的新聞界同行。2002年10月，人民日報與俄新社簽署了合作協議。2006年1月，人民日報與俄新社簽署互聯網資訊合作協定，兩社網站已實現互派人員和資訊共用。

俄新社副社長伊利亞申科代表俄方在總結發言中說，這次研討會期間雙方達成的主要共識是，俄中媒體應該在兩國建設和諧社會以及在推動建設和諧世界方面加強合作，因為俄羅斯和中國都是世界上具

有重要影響力的國家。他指出，俄中互辦「國家年」為兩國包括新聞在內的各個領域關係的發展提供了強大動力，兩國中央和地方媒體之間應以此為契機繼續擴大合作與交流。

圖左：2007年，中俄媒體研討會開幕式現場。
圖右：2006年8月31日，由新華社和俄新社共同主辦的中俄媒體研討會在北京開幕。

圖左：2006年中俄媒體代表塔斯社北京分社社長安德列‧基裏洛夫在會上交流。
圖右：2006年出席研討會開幕式的新華社副總編俱孟軍和俄羅斯媒體代表。

新華社新聞研究所所長陸小華在閉幕會上發言。

2007年5月24日俄中媒體研討會在莫斯科舉行，兩國40多家媒體和相關機構的約70名代表出席會議，其中包括中國記協、新華社、人民日報、光明日報、經濟日報、中央人民廣播電臺、中央電視臺、中國日報，以及俄聯邦新聞出版與大眾傳媒署、俄新社、國際文傳電訊社、獨立報和俄地方媒體等。

2007年12月24日俄羅斯「中國年」的圓滿結束，以及中國新聞中心在此期間組織新聞報導任務的順利完成，中國國務院新聞辦公室在中國駐俄羅斯大使館舉辦答謝酒會。中國駐俄大使館公使銜參贊岳斌代表劉古昌大使在致辭中表示，中國國務院總理溫家寶日前成功訪俄，為持續兩年的中俄「國家年」畫上圓滿句號。國務院新聞辦國際局局長江偉強說，「中國年」期間，中國新聞中心共推出了五十五場新聞發佈會、集體採訪、媒體見面會等活動，涉及政治、經貿、文化、科技、教育、地方合作等各個領域，全面介紹了俄羅斯「中國年」活動和中國歷史、文化及經濟和社會發展情況，為中俄兩國增進政治互信、推動務實合作、增強戰略協作、加深互相瞭解發揮了積極作用。俄羅斯外交部第一亞洲司司長弗努科夫和俄新社第一副社長伊利亞申科也在會上發言。俄羅斯「中國年」中國新聞中心是根據吳儀副總理2006年6月在中俄「國家年」中方組委會第二次全體會議上的指示，經中俄「國家年」中方組委會傳媒組研究決定，由國新辦牽頭設立的。作為中國首個在境外設立的新聞中心，它自3月14日正式啟動以來，在對外宣傳、媒體交流、輿情搜集與調研方面開展了大量的工作，取得了良好的宣傳效果，並已成為媒體瞭解「中國年」活動的重要資訊源和俄媒體和公眾瞭解中國的一個重要視窗。

歷時兩年的「國家年」框架內舉辦了500多項活動，兩國民眾廣泛參與。僅在中國「俄羅斯年」期間，俄羅斯7個聯邦區的領導、65個州長來華訪問，數萬俄羅斯人來華舉辦活動。中方直接參加「俄羅

斯年」活動的人數約50萬。在「國家年」框架下，策劃了「中俄友誼之旅」大型跨境採訪報導活動，由國務院新聞辦公室和國家廣電總局主辦，中國國際廣播電臺承辦。活動從北京到莫斯科沿途進行採訪，探尋中俄兩國人民交往的歷史與現狀,展示沿途人文與自然風光。參加此次報導活動的除中國國際廣播電臺外，還有新華社、中新社、人民日報、中央電視臺、北京青年報、北京交通廣播電臺、俄通社—塔斯社、「俄羅斯之聲」電臺、俄羅斯「第一頻道」電視臺等中俄媒體。採訪活動歷時42天、長途跋涉1.5萬公里，7家中國媒體發表各類新聞報導共計500餘件，圖片800多張。這些報導在中俄兩國掀起了「俄羅斯熱」、「中國熱」。中俄「國家年」，中方組委會成立了包括傳媒組在內的10個工作組。為鼓勵中國新聞界對「俄羅斯年」活動的報導熱情,俄羅斯新聞社和中華全國新聞工作者協會在北京簽署了「俄羅斯年」中文報導新聞獎評選活動協定。這是中國記協第一次與外國新聞機構合作評獎。為鼓勵中國新聞界對「俄羅斯年」活動的報導熱情，俄羅斯新聞社和中華全國新聞工作者協會在北京簽署了「俄羅斯年」中文報導新聞獎評選活動協定。這是中國記協第一次與外國新聞機構合作評獎。

傳媒組負責人、國務院新聞辦副主任錢小芊認為，傳媒組在「國家年」中的主要任務是以下幾項 ：一是組織有關中俄「國家年」的新聞發佈工作；二是開展「國家年」的交流活動；三是組織中俄媒體對「國家年」的一些重大活動進行報導。

2008年10月，在俄羅斯著名學府──莫斯科大學成立了孔子學院，學院由莫斯科大學和北京大學合作開辦，為俄羅斯學生學習漢語、傳播中國文化提供了平臺。截至目前，俄羅斯已經建起了14所孔子學院。

　　2008年6月14日由國務院新聞辦公室和黑龍江省人民政府共同主辦的中俄媒體論壇在哈爾濱開幕，俄羅斯駐瀋陽領事館總領事，俄羅斯《獨立報》、俄新社俄新網等俄羅斯主流媒體及俄羅斯遠東媒體，國務院新聞辦、外交部、商務部、人民日報、中國國際廣播電臺、經濟日報等中央部委及主流媒體，黑龍江日報、黑龍江電視臺、黑龍江電臺等黑龍江主流媒體近百人參加了此次論壇。論壇就《全球化背景下的中俄媒體合作：機遇與挑戰》、《深化中俄新聞領域交流推動中俄戰略協作夥伴關係深入發展》等議題展開討論。

　　2009中國「俄語年」和2010俄羅斯「漢語年」將借助文化的載體——俄語和漢語在中國和俄羅斯的傳播，進一步深化兩國間的文化交流，中國中央電視臺將在「俄語年」開設俄語頻道，介紹中國文化，給中國俄語專業學生提供學習的新載體。

圖左：　2006年10月12日，教育部部長周濟（左一）在北京大學演講。《中俄重點大學校長論壇》在北京大學開幕，論壇的主題是：二十一世紀的高等教育——中俄兩國創新型大學建設。北京大學、清華大學等14所中國院校及俄羅斯莫斯科國立大學等16所知名院校的代表參加了此次論壇。兩國代表圍繞創新型大學與創新型人才培養、大學的科研創新與科研成果轉化等議題進行了主題發言。

圖中：　俄羅斯聯邦教育署署長巴雷欣在北京大學演講。

圖右：　2006年10月17日，中俄「國家年」中方組委會教衛體組組長、教育部部長周濟作客新華網，就中俄在人文領域的合作同廣大網友線上交流。

中俄兩國教育、文化、衛生、體育領域合作委員會與媒體交流

　　2000年12月5日，正在俄羅斯進行正式訪問的中國國務院副總理李嵐清在俄羅斯政府大廈與俄羅斯副總理馬特維延科共同主持了中俄兩國教育、文化、衛生、體育領域合作委員會第一次會議。會議結束後，李嵐清和馬特維延科簽署了《關於1997年6月27日中華人民共和國政府和俄羅斯聯邦政府關於建立總理定期會晤機制及其組織原則的協定的補充議定書》和《中俄教育、文化、衛生、體育合作委員會第一次會議紀要》。文化部副部長孟曉駟分別與俄外交部副部長斯列金和俄文化部副部長圖比金簽署了《中華人民共和國政府和俄羅斯聯邦政府2001-2002年文化合作計畫》和《中華人民共和國文化部和俄羅斯聯邦文化部2001-2002年合作議定書》。教育部副部長呂福源與俄羅斯教育部副部長孔達科夫簽署了《中華人民共和國教育部部長和俄羅斯聯邦教育部部長北京會談備忘錄》。

　　2002年7月在莫斯科舉行的中俄教文衛體合作委員會第三次會議取得豐碩成果。雙方決定在現有的教育、文化、衛生、體育四個合作分委會基礎上，將旅遊合作小組提升為旅遊合作分委會，並增設電影合作和媒體合作兩個工作小組。

　　2006年11月6日中俄教文衛體合作委員會第七次會議在北京舉行。國務委員、中俄教文衛體合作委員會中方主席陳至立和俄羅斯副總理、中俄教文衛體合作委員會俄方主席茹科夫共同主持了會議。會議指出，委員會的教育、文化、衛生、體育、旅遊5個分委會，媒體、電影、檔案3個工作小組都分別召開了例會，委員會第六次會議制訂的工作計畫基本完成。會議結束之後舉行了簽字儀式，陳至立和茹科夫

共同簽署了《中俄教文衛體合作委員會第七次會議紀要》。中俄兩國新聞通訊社也簽署了《新華通訊社與俄羅斯新聞社新聞交換與合作協議》。

2007年5月25日，中俄教文衛體合作委員會媒體合作工作小組第五次會議在總局召開。中方工作小組組長、總局副局長田進出席會議並作了主旨發言。俄方工作小組組長、俄新聞出版與大眾傳媒署署長謝斯拉文斯基代表俄方作了發言。雙方同意中俄媒體合作工作小組升格為中俄媒體合作分委員會，並各自履行批准手續。會議回顧了2006-2007年的工作情況，雙方一致認為，中俄媒體合作工作小組在去年進行了富有成效的工作，特別是2006年在中國舉辦的「俄羅斯年」，在雙方各相關成員的努力下，總體上得到了較好地實施，取得了良好成效。中方來自中宣部、新華社、人民日報、新聞出版總署和中央三臺等15名小組成員；俄方來自傳媒總署、俄外交部及俄駐華使館、全俄國家廣播公司、俄羅斯之聲、俄新社、俄通社－塔斯社、國際文傳電訊等機構14名代表參加了會議。

2007年9月2日，中俄人文合作委員會第八次會議的委員會中方秘書長、教育部部長周濟在新華社記者的專訪中表示，中俄教文衛體合作委員會這個名稱已遠遠不能涵蓋具體的合作內容，根據中俄兩國政府的協定，2007年7月13日，雙方簽署了政府間議定書，將中俄教文衛體合作委員會正式更名為中俄人文合作委員會。委員會下設中俄教育、文化、衛生、體

中蘇時代的宣傳畫。

育、旅遊、媒體和電影等7個領域的合作分委會和中俄檔案合作工作小組。在談及中俄人文合作的戰略定位及前景時，周濟用了八個字加以概括：「作用獨特、潛力巨大」。

2007年9月3日，中俄人文合作委員會第八次會議在俄羅斯聖彼德堡市召開，正在俄訪問的中國國務委員、中俄人文合作委員會中方主席陳至立與俄羅斯副總理、中俄人文合作委員會俄方主席茹科夫在會議期間共同簽署《中俄人文合作委員會第八次會議紀要》。

人民網總裁何加正（左）、俄副總理茹科夫（中）和俄新社副總編輯亞歷山大‧巴賓斯基。

俄副總理茹科夫（中）做客強國論壇。茹科夫認為儘管世界金融經濟危機產生了負面影響，但2008年俄中貿易額達到了新的高度，貿易額度增長超過去年三分之一，達到近550億美元。我們兩國都面臨保持這個增長勢頭的艱巨任務，同時側重於擴大商品流通中貿易結構的多元化，側重於落實富於前景合作領域中的大專案，俄中兩國在人文領域中的積極合作進展符合這一戰略。2009年是一個富於紀念日的年份，其中最主要的就是中華人民共和國建國60周年和我們兩國建交60周年，也就是說10月1日和2日。為紀念這些節日，在俄羅斯，在中國都將舉辦各類活動，其中包括剛才說過的在俄羅斯舉辦中國文化聯

歡節和其他活動。這些活動已經列入計畫,將有步驟地按照俄羅斯文
化部長2008年12月訪華期間簽署的2009-2010年兩國文化部合作綱要得
以落實。尤其是在定期基礎上繼續舉辦文化周和電影周,在俄羅斯大
劇院、馬林司基大劇院和以及中國國家大劇院之間建立起長期夥伴關
係,雙方要參加在對方國家舉行的國際聯歡節、電影節、展覽交流、
音樂、戲劇、芭蕾舞、馬戲團、民歌等藝術團體以及個別演藝人員之
間的交流,還要擴大兩國博物館和圖書館之間的合作。

2007年9月4日,俄羅斯總理弗拉德科夫(右)在莫斯科會見到訪的國務委員、中
俄人文合作委員會中方主席陳至立。

圖左: 俄羅斯的孔子學院。

圖右: 中國國務委員、中俄人文合作委員會中方主席陳至立(左)與俄羅斯聯邦教
育署署長巴雷欣為孔子學院揭牌。

圖左： 中國國務委員、中俄人文合作委員會中方主席陳至立（前左二）向該校校長彼沃瓦爾贈送銅活字印刷的《論語》

圖右： 2007年9月4日，在莫斯科俄羅斯國立人文大學孔子學院，一名俄羅斯學生身著中式旗袍歡迎訪客。

圖左： 2006年12月26日，中國大陸駐俄羅斯大使劉古昌（右）代表國家漢語國際推廣領導小組辦公室（國家漢辦）與俄國立人文大學校長比沃瓦爾在莫斯科簽署關於合作建設俄國立人文大學《孔子學院》協議。《孔子學院》是國家漢辦授權在國外設立的、以開展漢語教學為主要內容的中國語言文化推廣機構。截至2006年12月，國家漢辦已在全球50多個國家建立了130多個孔子學院。

圖右： 2008年11月8日，第十一屆歐亞電視論壇之「中國日」活動在莫斯科國際貿易中心會議廳舉行。該論壇由歐亞廣播電視協學會主辦，其框架內「中國日」活動由中國電視藝術家協會協辦，中方代表團成員包括來自北京、內蒙古、四川、黑龍江等省份的多家電視媒體代表。中國駐俄羅斯使館文化參贊遲潤林出席了該活動新聞發佈會和中俄媒體圓桌會議。新聞發佈會和中俄媒體圓桌會議由歐亞廣播電視學會第一副會長魯金主持。魯金在發言中談到，自2001年至今，該協會已與中方合作，成功經舉辦了三次中俄電視媒體論壇活動，該學會也多次積極組織俄羅斯電視電影媒體參加中國四川國際電視節、中國上海國際電影節等活動，該學會已日益成為中俄電視媒體交流的重要平臺。

中俄在黑瞎子島具體劃分詳圖和書寫兩國友誼像鋼一樣的宣傳畫。

　　2008年6月24日中俄人文合作委員會媒體合作分委會第一次會議和電影合作分委會第一次會議在莫斯科召開。中國國家廣播電影電視總局副局長田進與俄羅斯聯邦新聞出版與大眾傳媒署署長謝斯拉文斯基（媒體合作分委會俄方主席）出席會議，並作了主旨講話。會議高度評價中俄媒體工作小組過去一年的工作成果，討論並通過分委會《2008年-2009年度工作計畫》和分委會《章程》，簽署了會議紀要。會議認為，2007年在莫斯科、聖彼德堡舉辦的「中國電影周」和今年在北京、三亞舉辦的「俄羅斯電影周」非常成功。雙方簽署了會議紀要，明確了合作計畫，決定2009年將在莫斯科、喀山舉辦「中國電影周」。會議同意明年的分委會在北京召開。會議還就加大雙方合拍電影、加大電影在對方國商業發行達成了共識。總局電影局、國際合作司、中影集團負責同志、駐俄使館參贊和俄方文化部電影司的負責人出席了會議。

　　2008年10月26日，中俄人文合作委員會第九次會議在莫斯科舉行。國務委員、中俄人文合作委員會中方主席劉延東與俄羅斯副總理、中俄人文合作委員會俄方主席茹科夫共同主持會議。劉延東首先感謝俄羅斯政府和人民對中國抗震救災及北京奧運會給予的大力援助與支持。應梅德韋傑夫總統邀請，1000多名中國地震災區的中小學生到俄羅斯療養，這充分體現了俄羅斯人民對中國人民的深情厚誼，相信這一舉措將進一步促進中俄世代友好。會議全面總結了中俄人文合作委員會第八次會議以來雙方人文合作的特點和成果，就進一步深化教育、文化、衛生、體育、旅遊、媒體、電影和檔案等領域合作，以及舉辦中俄「語言年」活動等事項深入交換了意見，並達成廣泛共識。 雙方表示，將以中俄建交60周年為契機，以舉辦中俄「語言年」為重點，以實施中俄「國家年」人文領域機制化專案為保障，進一步推進兩國人文領域各項合作。

　　2008年10月28日，國務院總理溫家寶與俄羅斯總理普京在莫斯科舉行中俄總理第十三次定期會晤。對中俄總理定期會晤委員會、中俄人文合作委員會、中俄能源談判機制的工作予以高度評價，並對《中俄總理定期會晤委員會第十二次會議紀要》和《中俄人文合作委員會第九次會議紀要》予以確認。雙方討論將著手落實兩國元首批准的中俄「國家年」機制化各項活動，執行2009年中國「俄語年」計畫，籌備2010年俄羅斯「漢語年」。會後，兩國總理簽署了《中俄總理第十三次定期會晤聯合公報》，其中還包括《中俄人文合作委員會第九次會議紀要》、《中俄人文合作委員會教育合作分委會2009－2012年工作計畫》。

國家圖書館出版品預行編目

全球傳播與國際焦點 / 吳非, 胡逢瑛著. -- 一
版. -- 臺北市：秀威資訊科技, 2009. 08
面；　公分. -- （語言文學類；PF0039）

BOD版
ISBN 978-986-221-274-5（平裝）

1. 國際傳播　2. 國際新聞

541.83　　　　　　　　　　　98013214

社會科學類　PF0039

全球傳播與國際焦點

作　　　　者 / 吳非　胡逢瑛
發　行　　人 / 宋政坤
執 行 編 輯 / 藍志成
圖 文 排 版 / 鄭維心
封 面 設 計 / 蕭玉蘋
數 位 轉 譯 / 徐真玉　沈裕閔
圖 書 銷 售 / 林怡君
法 律 顧 問 / 毛國樑　律師
出 版 印 製 / 秀威資訊科技股份有限公司
　　　　　　臺北市內湖區瑞光路583巷25號1樓
　　　　　　電話：02-2657-9211　傳真：02-2657-9106
　　　　　　E-mail：service@showwe.com.tw
經　　銷　　商 / 紅螞蟻圖書有限公司
　　　　　　臺北市內湖區舊宗路二段121巷28、32號4樓
　　　　　　電話：02-2795-3656　傳真：02-2795-4100
　　　　　　http://www.e-redant.com

2009 年 8 月　BOD 一版
定價：380 元

讀 者 回 函 卡

感謝您購買本書，為提升服務品質，煩請填寫以下問卷，收到您的寶貴意見後，我們會仔細收藏記錄並回贈紀念品，謝謝！

1.您購買的書名：＿＿＿＿＿＿＿＿＿＿＿＿＿＿＿＿＿＿＿

2.您從何得知本書的消息？

　　□網路書店　□部落格　□資料庫搜尋　□書訊　□電子報　□書店

　　□平面媒體　□ 朋友推薦　□網站推薦　□其他＿＿＿＿＿

3.您對本書的評價：(請填代號　1.非常滿意 2.滿意 3.尚可 4.再改進)

　　封面設計＿＿　版面編排＿＿　內容＿＿　文/譯筆＿＿　價格＿＿

4.讀完書後您覺得：

　　□很有收獲　□有收獲　□收獲不多　□沒收獲

5.您會推薦本書給朋友嗎？

　　□會　□不會，為什麼？＿＿＿＿＿＿＿＿＿＿＿＿＿＿＿＿＿＿

6.其他寶貴的意見：＿＿＿＿＿＿＿＿＿＿＿＿＿＿＿＿＿＿＿＿＿

　　＿＿＿＿＿＿＿＿＿＿＿＿＿＿＿＿＿＿＿＿＿＿＿＿＿＿＿＿＿

　　＿＿＿＿＿＿＿＿＿＿＿＿＿＿＿＿＿＿＿＿＿＿＿＿＿＿＿＿＿

　　＿＿＿＿＿＿＿＿＿＿＿＿＿＿＿＿＿＿＿＿＿＿＿＿＿＿＿＿＿

讀者基本資料

姓名：＿＿＿＿＿＿＿＿＿＿　年齡：＿＿＿＿　性別：□女 □男

聯絡電話：＿＿＿＿＿＿＿＿　E-mail：＿＿＿＿＿＿＿＿＿＿

地址：＿＿＿＿＿＿＿＿＿＿＿＿＿＿＿＿＿＿＿＿＿＿＿＿＿＿＿

學歷：□高中(含)以下　　□高中　　□專科學校　　□大學

　　　□研究所(含)以上 □其他＿＿＿＿＿＿＿

職業：□製造業 □金融業 □資訊業 □軍警 □傳播業 □自由業

　　　□服務業 □公務員 □教職　 □學生 □其他＿＿＿＿＿

(請沿線對摺寄回,謝謝!)

秀威與 BOD

BOD（Books On Demand）是數位出版的大趨勢，秀威資訊率先運用 POD 數位印刷設備來生產書籍，並提供作者全程數位出版服務，致使書籍產銷零庫存，知識傳承不絕版，目前已開闢以下書系：

一、BOD 學術著作—專業論述的閱讀延伸
二、BOD 個人著作—分享生命的心路歷程
三、BOD 旅遊著作—個人深度旅遊文學創作
四、BOD 大陸學者—大陸專業學者學術出版
五、POD 獨家經銷—數位產製的代發行書籍

BOD 秀威網路書店：www.showwe.com.tw
政府出版品網路書店：www.govbooks.com.tw

永不絕版的故事·自己寫·永不休止的音符·自己唱